```
||| || ||||||| || |||| |||| |||| |||
W0191769
```

Wusstest du, dass der welthöchste Geysir seiner Art nicht auf Island sondern in der Eifel sprudelt? Dass das deutsche Rom eine höhere Kirchturmdichte hat als das echte? Und dass die Golden Gate Bridge in Wahrheit über den Rhein führt? Auf dieser Weltreise stellt Weltenbummler Christoph Karrasch alles auf den Kopf, was wir im Erdkundeunterricht gelernt haben. Mitten in Deutschland erlebt er Japan ohne Jetlag, Russland ohne Reisepass und die Alpen ohne alles. Karrasch entdeckt: Bauchklatscher in der deutschen Südsee sind kalt, Afrika im Ruhrgebiet hat ein historisches Problem, und Bethlehems Maria ist schon 99 Jahre alt. Es ist die (fast) perfekte Illusion einer Weltreise – und ein ziemlich deutsches Abenteuer. Nur echt mit verspäteten Regionalzügen!

CHRISTOPH KARRASCH, Jahrgang 1984, ist Moderator und Fernsehreporter. 2015 erschien sein erstes Buch #10Tage, der dazugehörige Film wurde mit dem Columbus-Filmpreis ausgezeichnet. Heute steht Karrasch für das ProSieben-Magazin Galileo vor der Kamera und arbeitet als TV-Reiseexperte. Er lebt in Kiel.

CHRISTOPH KARRASCH

SAN FRANCISCO LIEGT AM RHEIN

Eine Weltreise
durch Deutschland

Ullstein

Besuchen Sie uns im Internet:
www.ullstein.de

Wir verpflichten uns zu Nachhaltigkeit
- Klimaneutrales Produkt
- Papiere aus nachhaltiger Waldwirtschaft
- ullstein.de/nachhaltigkeit

Originalausgabe im Ullstein Taschenbuch
1. Auflage Juni 2021
© Ullstein Buchverlage GmbH, Berlin 2021
Umschlaggestaltung: zero-media.net, München
Titelabbildung: ©Tristan Arfi (Autorenfoto) / © FinPic®,
München (Landschaft)
Illustrationen im Innenteil: © Peter Palm
Bilder im Innenteil: © privat
Gesetzt aus der Quadraat Pro powered by pepyrus.com
Druck und Bindearbeiten: CPI books GmbH, Leck
ISBN 978-3-548-06503-8

Für Bruno

Inhalt

Der Anfang

Zisch. Fump. Krrrk. Zing.

Zisch. Fump. Krrrk. Zing.

Seit fast acht Stunden ertönte dieses Geräuschquartett neben meinen Ohren, ausgelöst durch die Machete in meiner langsam schwächelnden rechten Hand.

Zisch. Fump. Krrrk. Zing.

Ununterbrochen in genau dieser Reihenfolge, mit etwa zwei bis drei Sekunden Pause nach jedem Durchgang. Das Thermometer zeigte 35 Grad, mir lief der Schweiß ununterbrochen den Körper hinunter. Den Nacken hatte ich mir längst verbrannt, in meinen Handflächen vermischten sich Blut und Dreck. Ich stand irgendwo in Mexiko auf einem Feld, auf das die Sonne ohne Gnade herunterbrannte und dem ich mit jeder weiteren Bewegung noch mehr Schatten klaute. Cedric hielt mit seiner Kamera erbarmungslos drauf, Redakteurin Vanessa stand daneben und fragte frech, ob ich etwa aufgeben wolle.

Für eine *Galileo*-Reportage wollten wir bei diesem Dreh herausfinden, wie hart die tägliche Arbeit bei der Zuckerrohrernte ist. Das Ganze war als Challenge konzipiert: Als

Reporter sollte ich mich der Aufgabe stellen, an einem Arbeitstag mindestens eine Tonne Zuckerrohr zu ernten. Ein Rohr ist bis zu zwei Meter lang und wiegt etwa ein Kilo. Wir sprechen hier also von rund eintausend Machetenhieben am Stück. Akkordarbeit in brütender Hitze, ein absoluter Knochenjob.

Zisch. Beim Schwungholen durchschnitt die Machete die Luft.

Fump. Ich rammte sie in den unteren Teil des Zuckerrohrs.

Krrrk. Das Zuckerrohr brach.

Zing. Beim Rausziehen der Machete tönte die Klinge kurz hell auf. Tausendmal hintereinander. Ich hatte schon angenehmere Jobs.

Das eigentlich Besondere an diesem Tag war aber nicht die Erkenntnis, dass Menschen am anderen Ende der Welt jeden Tag unglaublich harte Arbeit verrichten müssen, damit wir in Deutschland unser Leben so unbeschwert leben können, mit Annehmlichkeiten wie unbegrenzte Mengen Rohrzucker in unseren Supermärkten. Nein, das Besondere war, dass es Donnerstag, der 12. März 2020, war, Tag eins einer neuen Zeitrechnung. Am Tag zuvor hatte die Weltgesundheitsorganisation WHO den Ausbruch des neuartigen Coronavirus zur weltweiten Pandemie erklärt. Von ihrem späteren Ausmaß hatte keiner von uns auch nur die geringste Vorstellung.

Zisch. Fump. Krrrk. Zing.

Im Sekundentakt der Geräusche, die ich mit der Machete verursachte, landeten neue Meldungen und Entwicklungen zu Covid-19 auf unseren Smartphones. Die Nachrichten aus Deutschland überschlugen sich, gerade war die Rede davon, Restaurants und Schulen zu schließen, man dachte über weitreichende Einreiseverbote nach. Alle sprachen rund um die Uhr über nichts anderes mehr, aber keiner hatte Ahnung oder einen Durchblick.

»Shit«, sagte Cedric in einer Drehpause. »Ich will im April mit meiner Freundin nach New York.«

»Ach, da mach dir mal keine Sorgen«, wiegelte ich ab. »In zwei, drei Wochen sieht das alles schon wieder ganz anders aus.«

Was für eine erstaunlich naive und wirklich völlig realitätsferne Äußerung, im Rückblick. Ich meinte sie in dem Moment aber absolut ernst, weil ich mir – wie viele andere auch – nicht vorstellen konnte, dass es wirklich möglich sein würde, weltweit das öffentliche Leben lahmzulegen. Undenkbar, ausgeschlossen. Nicht zuletzt wegen der Gelassenheit, die auch die Mexikaner um uns herum beim Thema Corona ausstrahlten. Hier war die Pandemie gefühlt noch gar nicht angekommen, es gab gerade mal zwei Dutzend bestätigter Fälle. In Mexiko war Corona zu diesem Zeitpunkt noch immer vor allem ein Bier – und kein Virus, das den Menschen an den Kragen will.

Als wir mit der Arbeit auf dem Feld fertig und zurück in Mexiko-Stadt waren, wurde alles plötzlich sehr hektisch. Wir saßen in einer Hotellobby und mussten mit der Redaktion in Deutschland abstimmen, wie es für uns nun weitergehen sollte. In der Heimat war es bereits mitten in der Nacht, das machte die Kommunikation nicht leichter. Für mich war eigentlich noch ein weiterer Dreh in Mexiko mit einem Kamerateam aus den USA vorgesehen, danach sollte ich mich erneut mit Cedric und Vanessa in Bolivien und Brasilien treffen.

Erste schlechte Nachricht: Die amerikanischen Kollegen sagten mir kurzfristig ab, weil die berechtigte Befürchtung bestand, dass sie später nicht wieder in die USA einreisen dürften. Damit war der Mexiko-Dreh geplatzt. Zweite schlechte Nachricht: Wir erfuhren, dass Bolivien soeben seine Grenzen für Europäer dichtgemacht hatte, also konnten wir auch das knicken. Und der Brasilien-Dreh sollte im tiefsten Amazonas-Dschungel stattfinden. Erst ein Langstreckenflug in die Amazonas-Hauptstadt Manaus, dann ein Propellerflug über den Regenwald und anschließend noch eine mehrstündige Bootsfahrt auf einem Amazonas-Arm, bis wir am Drehort ankommen würden. Vanessa, Cedric und ich schauten uns an und ahnten, dass wir unsere Pläne vergessen konnten.

»Wenn die Einschläge weiterhin so schnell näher kommen«, sagte ich zweifelnd, »dann dürfte es ziemlich unwahrscheinlich sein, dass wir von dort später wieder wegkommen werden.« Die anderen nickten zustimmend. Schließlich stand die Entscheidung fest: Ich sollte den nächsten Flieger nach Hause nehmen. Vanessa und Cedric hingegen wollten noch einen verabredeten Dreh in Rio de Janeiro wahrnehmen, für den sie mich nicht brauchten.

Am 14. März landete ich wieder in Deutschland, vier Tage später die anderen beiden. Sie hatten gerade noch so zwei Plätze ergattern können – in der vorletzten Maschine von Rio nach Deutschland für sehr, sehr lange Zeit.

Dann stand alles still.

Lockdown.

Grenzen dicht, Flugzeuge am Boden. Schulen und Kindergärten geschlossen, genauso Restaurants, Clubs und Kinos. Das öffentliche Leben lag tatsächlich lahm, Deutschland blieb zu Hause. Die Nachrichten blieben auch in den nächsten Tagen und Wochen laut, aber das Leben war so leise wie noch nie. Auch mein Leben. Alle um mich herum waren gesund, das war das Wichtigste. Aber mein Beruf als Auslandsreporter lag schlagartig auf Eis. Eben noch 35 Grad im Schatten, jetzt tiefgefroren. In den letzten zehn Jahren war ich nie länger als ein paar Wochen am Stück zu Hause gewesen. Mein Alltag war aufs Unterwegssein ausgelegt, weil neue Reportagen nicht am Schreibtisch gedreht werden können. Während alle ins Homeoffice gingen, ging ich einfach nur home. Daran musste ich mich erst gewöhnen. Aber mit den Wochen lernte ich, die Zeit in meiner Heimatstadt Kiel als gewonnene Zeit zu verstehen. Ein ungeplantes Runterfahren, ein Zwangs-Sabbatical. Ein Durchatmen, wenn auch ab jetzt nur noch mit Mund-Nase-Bedeckung.

Vielen Menschen in meinem Umfeld kamen Gedanken über eine Neuausrichtung. Ruhe schafft Raum zum Nachdenken. Was habe ich eigentlich? Was mache ich eigentlich? Und macht es mich glücklich? Ein Freund aus der Veranstaltungsbranche sprach plötzlich davon, endlich ein Hostel mit Surfschule in Portugal aufzumachen. Eine Kollegin vom

Radio kündigte, um sich endlich ihrer eigentlichen Leidenschaft, der Garten- und Landschaftsarchitektur, zu widmen. Eine Bekannte wollte jetzt endlich beginnen, ihren Roman zu schreiben. In all dem *endlich* schwang eine große Sehnsucht mit, so oft: »Warum habe ich nicht längst…?«

Pandemie erzeugt Fantasie.

Ich bemerkte bei vielen in der Stille dieser Tage eine sehr inspirierende Energie, weshalb auch ich anfing, meinen Status quo zu hinterfragen. Ich kam allerdings recht schnell zu der Erkenntnis, dass ich genau das mache, was ich machen möchte: unterwegs sein, Reportagen drehen, über das Erlebte berichten. Ich kann mir keinen schöneren Beruf vorstellen! Nur leider konnte ich ihn mir gerade wirklich nur vorstellen, und so musste auch ich mich gewissermaßen neu ausrichten. Neue Ansätze finden, neue Ideen schöpfen.

Der Sommer nahte und mit ihm die Gewissheit, dass auch mein Sommerurlaub ins Wasser fallen würde. Die lange geplante USA-Reise konnte nicht stattfinden. Ich musste umdisponieren und fand im Internet ein Ferienhaus an einem See in Ostfriesland. Auch ganz schön, dachte ich. Ostfriesland statt Ostküste. Nordsee statt Niagarafälle. Emden statt Boston. Und »Friesenjung« von Otto statt »Englishman in New York« von Sting.

Durch Zufall entdeckte ich, dass in Ostfriesland zwei Ortschaften direkt nebeneinanderliegen, die Rußland und Amerika heißen. Stimmt, dachte ich, davon habe ich schon mal gehört. Bei mir an der Ostsee, in der Nähe von Kiel, gibt es Kalifornien und Brasilien. Und plötzlich ertappte ich mich dabei, wie ich weitere solcher Orte in Deutschland suchte – und fand: Sibirien und Südsee, Ägypten und Rom, Alpen und Japan. Man kann eine ganze Weltreise durch Deutschland machen! Es gibt Orte, die so heißen wie die große weite Welt – und es gibt andere, die so aussehen. Was also läge näher, als die Welt einfach in Deutschland zu entdecken, wenn die echte gerade so weit weg ist?

So ein Trip führt über weite Teile in die Provinz. Da muss die Frage erlaubt sein, was es dort wohl zu erleben gibt. Bethlehem im Allgäu ist gerade mal 350 Meter lang, in Brasilien an der Ostsee leben keine zwanzig Menschen. Wie hoch darf die Erwartung sein, die man an diese kleinen Weltorte hat? Auf der anderen Seite aber erscheint mir Deutschland oft so ganz und gar entdeckt. Warum also nicht einfach mal ganz neue Pfade in diesem erschlossenen Land erforschen?

So mache ich mich im Spätsommer des denkwürdigen Jahres 2020 auf den Weg. Einfach mal nachgucken, was da so los ist, neugierig bleiben und Neues entdecken. Gewissermaßen eine Reise ins Ungewisse starten. Das wiederum passt gerade sehr gut in diese Zeit. Wenn wir seit Beginn der neuen Zeitrechnung eines gelernt haben, dann, dass nichts mehr gewiss ist.

Los geht's!

PS: Falls du Lust hast, der Reise auch musikalisch zu folgen, besuche gerne mein Künstlerprofil »Christoph Karrasch« auf *Spotify* und höre dir die Playlist »San Francisco liegt am Rhein« an.

Kalifornien

Cable Cars und Rockstars

Ich kann es nicht anders sagen: Es beginnt mit einem wunderschönen Morgen im September. Die Sonne spiegelt sich glitzernd im Wasser, als ich vom Kieler Hauptbahnhof auf die Förde schaue. Dieser 17 Kilometer lange Fjord, der an der Ostseemündung eine Breite von etwa sechs Kilometern hat, verengt sich auf seinem Weg Richtung Stadtzentrum immer weiter, bis ihn hier an seinem Ende die nur noch circa 120 Meter lange Hörnbrücke überspannt, auf der ich nun stehe.

Am Westufer der Förde liegt die Stena Line, die sich täglich auf ihren Weg ins schwedische Göteborg macht. Weiter hinten vollführt die Color Line aus Oslo gerade eine 180-Grad-Drehung. Sie muss die letzten Meter durch die enge Förde stets rückwärts zurücklegen, bevor sie am Ostufer festmachen kann. Neben diesen beiden Schiffen gehen hier in der schleswig-holsteinischen Landeshauptstadt in normalen Sommern noch viele weitere Kreuzfahrtschiffe bekannter Reedereien vor Anker und machen Kiel so zu einer kleinen Version von Hamburg, dem Tor zur Welt. Es erscheint zwar manchmal etwas umständlich, von hier auf dem Wasserweg in die Ferne zu gelangen, weil man sich entweder über das ungemütliche dänische Skagerrak oder durch die engen Schleusen des Nord-Ostsee-Kanals quälen muss. Aber tatsächlich kommt man von Kiel übers Meer in die weite Welt.

Und mit dem Bus auch.

Vom Hauptbahnhof aus fährt die Linie 200 unter der Woche halbstündlich zu zwei absoluten Sehnsuchtsorten: Kalifornien und Brasilien. Als wäre einer von beiden nicht schon mehr als genug, liegen die verheißungsvollen Orte knapp 30 Kilometer nordöstlich von Kiel direkt nebeneinander an der Ostseeküste. Ein idealer Startpunkt also für meine Weltreise durch Deutschland, auf der ich mich – Regel Nummer eins – ausschließlich mit öffentlichen Verkehrsmitteln fortbewegen werde.

Diese Busfahrt ist für mich auch eine Reise in die Vergangenheit. Hier am Ostufer der Kieler Förde bin ich groß geworden, in jedem der kleinen Vororte habe ich Geschichten gesammelt, die für immer bleiben werden. In Mönkeberg habe ich meine gesamte Kindheit verbracht und in der Turnhalle davon geträumt, Handballprofi zu werden. In Heikendorf bin ich zur Schule gegangen und zum ersten Mal verliebt gewesen. In Max' dunklem Kinderzimmer in Schönkirchen saßen wir nachmittags und haben Bong geraucht. Und in Laboe und Schönberg haben wir im Sommer ausufernde Hauspartys gefeiert und spät in der Nacht zu zweit auf dem Badezimmerfußboden wilde Dinge veranstaltet. Das ist ewig her, ich bin die Strecke bestimmt seit fünfzehn

Jahren nicht mehr gefahren – und jetzt ruckelt der Bus mit mir unter strahlend blauem Himmel und vorbei an den grünen Feldern der Region einmal quer durch meine Jugend.

Nach einer guten Dreiviertelstunde zeigt der Bildschirm meine Endhaltestelle an: Abzweigung Kalifornien. Ich drücke den Stoppknopf und steige aus. Etwas verwirrt stehe ich da, weil mein Kopf noch im Jahr 2000 festhängt – da entdecke ich vorne an der Kreuzung plötzlich das gelbe Ortsschild: Kalifornien. Ich bin wirklich da, das ging ganz schön fix! Gar nicht so schlecht, keinen Zwölf-Stunden-Flug nach Los Angeles oder San Francisco in den Knochen zu haben, denke ich und marschiere los.

Kalifornien ist ein Ortsteil der Gemeinde Schönberg in Holstein und hat gerade mal 400 Einwohner. Etwa eine halbe Million Übernachtungen pro Jahr machen Schönberg zum bedeutendsten Urlaubszentrum der Region. Deshalb überraschen mich die ersten Eindrücke hinter dem Ortsschild nicht: eine Touristinformation samt großem Parkplatz, eine bunte Minigolfanlage und direkt dahinter ein Fahrrad- und Kettcarverleih, um die Promenade unsicher zu machen. Hier soll einem auch während eines zweiwöchigen Urlaubs nicht langweilig werden.

Die eigentliche Hauptattraktion ist aber das, was den Urlauber erwartet, nachdem er die zwanzig Treppenstufen zum Deich erklommen hat: ein extra breiter Grünstreifen zum Toben und Drachen steigen lassen und ein kilometerlanger Rad- und Fußweg, der direkt hinter den Dünen entlangführt, sozusagen der California Highway 1 der Ostsee.

Dazu ein Bilderbuchstrand mit feinem weißem Sand – und natürlich der scheinbar endlose Blick auf das Meer. Ich wüsste nicht, was man sich für einen Urlaubsort mehr wünschen könnte.

Die Sonne fühlt sich kalifornisch warm an, das Thermometer zeigt 23 Grad – klar, dass heute eine Menge los ist. Der Deich ist bevölkert mit Joggern und herumflitzenden Inlineskatern, Familien mit Kinderwagen, Rentnern in Strandkörben und Windsurfern, die ihre Boards für den Ritt übers Meer fertig machen. Es herrscht kein übermäßiger Wind, aber ein paar Wellen brechen vor dem Ufer. Das wär's doch eigentlich: Windsurfen lernen in Kalifornien. Oder noch besser Wellenreiten.

Der Strand von Kalifornien ist etwa zwei Kilometer lang, alle 200 Meter liegt eine Buhne im Meer, eine T-förmige Steinmole als Wellenbrecher. Jede Buhne hat eine Nummer, so kann man sich orientieren. Denn egal in welche Richtung man geht (und man kann sehr weit gehen), Deich, Promenade und Strand sehen immer gleich aus. Um die Orientierung nicht zu verlieren, stehen die Buhnennummern an der Promenade auf den Asphalt geschrieben.

Zwischen Buhne 20 und 21 sehe ich Flaggen am Strand wehen, ein paar Surfbrettspitzen gucken über die Dünen. Eine Surfschule. Vor einem zum Lager umfunktionierten Seecontainer sitzt ein Mann mittleren Alters, braun gebrannt und in kurzen Shorts.

»Hallo, ich bin interessiert an einem Surfkurs«, spreche ich ihn an.

»Bist du allein?«, fragt er mich. Ich nicke.

»Dann sieht's leider nicht so gut aus. Zum Wellenreiten reicht die Brandung heute nicht, und fürs Windsurfen bräuchten wir ein paar mehr Leute, damit es sich lohnt.«

»Gibt's denn keine Anmeldungen für die nächste Zeit?«

»Nein«, sagt er schulterzuckend. »Die Saison ist jetzt langsam vorbei, bis Ende September müssen wir hier abgebaut haben. Aber frag mal drüben bei den Kollegen in Brasilien nach, die machen meistens noch ein bisschen länger als ich.«

Drüben in Brasilien, wie das klingt. Und was für ein Kulturschock das wäre, jetzt einfach so nach Brasilien rüberzulaufen. Vielleicht morgen, denke ich und bedanke mich bei dem Surflehrer.

Aber wenn ich schon hier am Strand bin, muss ich wenigstens eine Runde baden gehen. Bei dem Gedanken zieht sich zwar alles in mir zusammen, denn außer an ein paar Tagen im Hochsommer hat die Ostsee selten mehr als 20 Grad. Das lernt man schon früh schmerzhaft kennen, wenn man hier groß wird. Ich schau noch mal schnell auf dem Handy nach. Die Wassertemperatur in Kalifornien heute: 17 Grad. Uff. Aber das ist eine der letzten Gelegenheiten in diesem Sommer, noch mal im Meer baden zu gehen. Ich schlüpfe in meine Badehose und mache mich auf den Weg Richtung Wasser.

Schnell rein oder langsam vortasten? Kurzer und schmerzvoller Prozess – oder lang gezogenes Geeier, das auch nicht weniger zwiebelt? Das ist immer wieder die Gretchenfrage. Ich nehme Anlauf und sprinte mit einer Grimasse ins Meer. Als es tief genug ist, mache ich einen Köpper und stoße unter Wasser einen lauten Kälteschrei aus. Dann ist das Schlimmste überstanden, und ich drehe ein paar herrlich erfrischende Runden durchs Salzwasser.

Übrigens: Wer denkt, dass es sich in Los Angeles oder San Francisco angenehmer baden lässt, täuscht sich gewaltig. In L.A. steigt die Durchschnittstemperatur des Pazifik auch nur im August auf 20 Grad, in San Francisco ist sie selten höher als 15 Grad. Hier liegen Kalifornien und Kalifornien absolut auf Augenhöhe.

Außer dem FKK-Strand kommt hinter der Surfschule nicht mehr viel, also drehe ich um. Der Bereich hinterm Deich ist fast durchgehend bebaut. Hier stehen hübsche alte Reetdachhäuser, moderne Neubauten und typisch norddeutsche, rote Klinkergebäude. Die meisten werden offenbar als Ferienhäuser vermietet und haben eins gemeinsam: perfekten Meerblick.

Alle paar hundert Meter stehen Imbisse und Souvenirläden. Aber eine Sache verwundert mich: Niemand scheint so wirklich mit dem Namen Kalifornien spielen zu wollen. Ein ganz bisschen sehen Deich und Promenade durch die Jogger und Fahrradfahrer vielleicht aus wie Los Angeles' Venice Beach. Aber es fehlen die Straßenmusiker und Gaukler, zumindest eine kleine Trimm-dich-Anlage wie am berühmten Muscle Beach hätte ich schon erwartet.

Immerhin meine Unterkunft für heute Nacht springt auf den Zug auf. Sie liegt ebenfalls direkt hinterm Deich und trägt den einzig wahren Namen *Beach Hotel California*.

Es fühlt sich etwas merkwürdig an, an einem Ort zu übernachten, der nur 30 Kilometer von meinem Zuhause entfernt ist. Ich könnte mich heute Abend auch einfach wieder in den Bus nach Kiel setzen. Aber gerade jetzt, am Anfang, ist es mir wichtig, in die Reise reinzukommen, ein Gefühl für das zu entwickeln, was ich hier ausprobiere. Da würde es mir nicht reichen, nur einen Tagesausflug nach Kalifornien zu unternehmen und abends wieder im eigenen Bett zu schlafen. Außerdem bringt mich das *Beach Hotel California* gleich noch mehr in Weltreisestimmung.

In der Lobby begrüßt mich eine große Fotoleinwand mit dem Aufdruck: »Welcome To The Hotel California«. Der Ohrwurm für den Rest des Aufenthalts ist klar. An den Wänden im Treppenhaus hängen weitere Bilder mit dem berühmten Hollywood-Schriftzug, Straßenschildern aus L.A. und Corvettes mit kalifornischem Kennzeichen.

»Ihr zieht das aber konsequent durch mit dem Kalifornien-Bezug«, sage ich zu dem jungen Mann an der Rezeption, der sich mir als Jona vorstellt.

»Ja, muss man doch auch. Der Name ist ein Geschenk«, antwortet er.

»Sonst merkt man im Ort ja leider nicht so viel davon«, bemerke ich vorsichtig.

»Das stimmt. Dabei ist die Geschichte hinter dem Ortsnamen total witzig!«

Jona erzählt von der Legende, die hier in der Gegend hinlänglich bekannt ist. Vor vielleicht 200 Jahren soll am Strand mal eine Schiffsplanke angespült worden sein, auf der »California« stand. Ein Fischer fand sie und nagelte sie an seine Hütte. Sein Nachbar dachte sich »Was der Angeber kann, kann ich schon lange« und bastelte sich ein Schild mit der Aufschrift »Brasilien«. Der Rest ist Geschichte, auch wenn die Story zugegebenermaßen eher nach Seemannsgarn klingt.

»Wir geben jedenfalls alles, um den Namen in Ehren zu halten«, sagt Jona. »Bei uns im Garten steht eine echte Palme wie am Venice Beach – und ein Künstler hat uns vor ein paar Jahren die kalifornische Flagge in den Hinterhof gemalt.« Nach einer kurzen Pause ergänzt er: »Wir können auch Englisch reden, wenn du willst. Nur so fürs Gefühl, meine ich.« Ich lehne lachend ab.

Jona ist Mitte zwanzig und wohnt in Kiel. Er hat bis vor einem Jahr in dem großen *Atlantic*-Hotel am Hauptbahnhof gearbeitet.

»Ich habe gar nichts gegen die großen Häuser«, sagt er. »Aber ich wollte nicht mehr jeden Tag 300 Gäste durchschleusen, sondern zwischendurch auch mal Zeit für einen Schnack haben – so wie jetzt.« Deshalb sei er in das kleine familiengeführte Hotel gewechselt.

Kalifornien scheint Jona gutzutun, er strahlt eine angenehme Ruhe aus und schenkt mir sogar ein Upgrade, weil zurzeit wegen Corona die Kapazität da ist: Doppelzimmer mit seitlichem Meerblick.

Ich bestelle mir einen Kaffee an der Bar, nehme ihn mit aufs Zimmer und setze mich vor mein Fenster. Der Deich ist voll mit Menschen, die diesen warmen Sommertag in vollen Zügen genießen. Am Strand sehe ich Kinder, die Beachball und Boule spielen, ganz hinten rauschen ein paar Windsurfer durchs Bild. Allerbestes Fernsehen, mehr brauche ich jetzt gerade nicht.

Während des Lockdowns im Frühjahr hatte ich beruflich kaum etwas zu tun, weil die *Galileo*-Redaktion, für die ich hauptsächlich arbeite, in Unterföhring bei München sitzt, ich aber eben in Kiel lebe. Um niemanden unnötig durchs Land zu bewegen, in einer Zeit, in der ProSieben selbst mit der Kampagne #WirbleibenZuhause seinen Teil zur Sensibilisierung der Menschen beitragen wollte, wurden die allermeisten Beiträge in und um München gedreht. Ich aber saß 900 Kilometer davon entfernt im norddeutschen Outback fest und war einigermaßen beschäftigungslos. Das klassische Schicksal eines Freiberuflers im Krisenfall. Wird schon wieder werden, dachte ich mir.

Als sich in Deutschland im Sommer dann langsam alles wieder öffnete, bekam auch mein Alltag nach den ruhigen Wochen schlagartig wieder eine neue Geschwindigkeit. Zwar war an Fernreisen natürlich weiterhin nicht zu denken, aber ich war schon bald wieder jede Woche für Dreharbeiten unterwegs, in niedersächsischen Gerbereien, Steinbrüchen in der Eifel und Berliner Start-up-Küchen, auf Münchner Baustellen und fränkischen Weingütern und sogar auf Drehs in Paris, Portugal und auf Kreta. Jeden dritten Tag woanders, immer aus dem Koffer lebend. Alles spannend, alles super! Aber eben auch acht Wochen mit rasendem Tempo, die jetzt hier an meinem Fenster mit Meerblick ein zwischenzeitliches Ende finden. Endlich kann ich mal wieder nur da sein und gucken, was der Tag bringt. Ich freue mich wahnsinnig auf die kommenden Wochen. Endlich mal wieder einfach nur reisen. Nur für mich!

Nach einer Stunde zieht es mich wieder raus in die Sonne. Um noch ein bisschen mehr ins California Dreaming zu kommen, muss ich Kalifornien kurzzeitig verlassen. Im benachbarten Ortsteil Schönberger Strand gibt es einen Museumsbahnhof, der eine stattliche Sammlung an historischen Straßenbahnen unterhält. Einige davon erinnern optisch an die berühmten Cable Cars, die durch die steilen Straßen San Franciscos fahren.

»Wir restaurieren und pflegen Straßenbahnen aus norddeutschen Städten«, erzählt der Fahrer, als ich zusammen mit einer Gruppe weiterer Touristen eine rote Bahn aus Hamburg von 1937 besteige, um eine Runde über das kleine Schienennetz des Museums zu drehen. »Die meisten sind aus Lübeck, Kiel und Hamburg, wo die Straßenbahnen irgendwann aus dem Verkehr gezogen wurden. Und aus Berlin haben wir auch eine da. Wenn wir mal so großzügig sein wollen und Berlin zu Norddeutschland zählen.« Einige Passagiere lachen. Ein Gast, der offenbar aus der Hauptstadt kommt, fragt, ob man mit der Berliner Bahn heute auch noch mal fahren könne.

»Schwierig«, antwortet der Fahrer. »Die dürfen wir in der Regel nur morgens bewegen, wenn es noch feucht ist. Sobald die Schienen zu trocken sind, quietscht die Bahn so laut, dass sich die Anwohner bei uns beschweren, weil ihnen das Mittagessen vom Tisch fällt.« Wieder lachen die Passagiere, der Mann ist gut drauf.

Er dreht sich um und setzt sich ans Führerpult. Dann betätigt er ein paar Hebel und dreht an einer Kurbel, bis die alte Straßenbahn mit lautem Rattern losfährt.

Für einen kurzen Moment könnte man wirklich meinen, wir säßen in einem der knarzenden Cable Cars San Franciscos. Es gibt nur einen kleinen Unterschied: Während man auf der Originalroute an einer Stelle einen Traumblick auf die San Francisco Bay und die Gefängnisinsel Alcatraz hat, liegt auf unserer kurzen Strecke in Form einer Acht lediglich ein Kinderspielplatz. Ich ahne zum ersten Mal, dass ich mir mit Vergleichen mit den großen Vorbildern vielleicht keinen Gefallen tue. Es wäre wohl oft kein fairer Wettbewerb.

Der Fahrer hält an und dreht sich zu uns um.

»Sie haben vielleicht schon gesehen, dass wir hier immer drei Schienen nebeneinander haben«, erzählt er. »Das liegt an den verschiedenen Spurweiten unserer Bahnen.« Viele Fahrzeuge hätten auch damals schon die heute noch übliche Normalspur von 1435 Millimetern gehabt, einige wenige aber seien Schmalspurbahnen mit nur 1100 Millimetern.

»Außer hier bei uns sind diese Schmalspurbahnen weltweit nur noch im Braunschweiger Straßenbahnverkehr in Betrieb – und auf einer einzigen Strecke in Rio de Janeiro.«

Ich horche auf. Gerade eben dachte ich noch an San Francisco und Kalifornien – und plötzlich habe ich auf dieser Fahrt auch noch eine Verbindung zu meinem morgigen Ziel Brasilien gefunden. Kann das Zufall sein?

»Darf ich fragen, wie Sie heute hierhergekommen sind?«, erkundigt sich der Fahrer bei uns, als die Straßenbahn ihre Runde beendet. Mit dem Auto, antworten die meisten.

»Das dachte ich mir. Schauen Sie mal, man hat diese Bahn schon 1937 mit diesen hochwertigen Polstersitzen ausgestattet, weil man die Menschen aus ihren Autos in die Bahn bekommen wollte, um die Städte zu entlasten. Und man hat es schon damals nicht geschafft. Kommen Sie gut nach Hause.« Zum Schluss zur Abwechslung kein Witz, sondern eine ernst gemeinte Botschaft für die Gäste. Ich freue mich leise, dass ich meine Weltreise mit Bus und Bahn geplant habe.

Unweit des Museumsbahnhofs kann ich schon wieder die Strandpromenade sehen, die hier genauso aussieht wie drüben in Kalifornien. Einzige Besonderheit in Schönberger Strand ist die Seebrücke, die 250 Meter weit auf die offene Ostsee hinausragt. Norddeutschlands Santa Monica Pier. Die berühmte Seebrücke in Los Angeles ist der 600 Meter lange Laufsteg der Schönen und Reichen am Pazifik, auf dem sich zahlreiche Shops und Buden aneinanderreihen und man über dem Ozean Achterbahn und Riesenrad fahren kann. Am Strand drum herum wurden große Teile der Serie *Baywatch* gedreht – und nicht wie im Untertitel der Serie vorgegaukelt in Malibu. Ich war vor einigen Jahren mal in Santa Monica und erinnere mich, wie ich auf dem Pier Oliver Pocher und Monica Ivancan begegnet bin, die damals noch ein Paar waren. Sie stand am Geländer und blickte auf den ewig breiten Strand, während er sich von einem Karikaturenzeichner malen ließ.

Ganz so viel Glamour und Action hat die Schönberger Seebrücke auf den ersten Blick nicht zu bieten. Es ist einfach nur eine Holzbrücke, von der aus man die Ostsee mal aus einer anderen Perspektive erleben kann, ohne gleich baden gehen zu müssen. Trotzdem habe ich auch hier schon mal eine persönliche, fast glamouröse Rockstargeschichte erlebt. Dafür muss ich erneut ein halbes Leben zurückspulen.

Rund um meine Volljährigkeit Anfang der 2000er-Jahre war ich Sänger einer Punkrockband, die hier in Schönberg ihre Basis hatte. Unsere liebste Konzertstätte war die *Alte Penne*, ein Jugendzentrum, das wir regelmäßig mit bis zu 200 Tanzwütigen zerlegt haben. Einmal, es war ein heißer Tag im Jahrhundertsommer 2003, bekamen wir Support von der dänischen Band *Gob Squad*, die mit ihrem rostigen Sprinter aus Aarhus gekommen war. Nach dem Soundcheck sind wir mit Sänger Thomas Bredahl zur Seebrücke gefahren, um am Ende, waghalsig, wie wir waren, von den hohen Planken in die kühle Ostsee zu springen. In jenem Moment konnte mir noch gar nicht klar sein, mit wem ich mich hier in die Fluten stürzte. Erst ein paar Jahre später machte die Meldung die Runde, dass Thomas mit seiner zweiten Band *Volbeat* gerade zum Weltstar im Metal wurde. Nachdem *Metallica* die Dänen entdeckt und mit auf Tour genommen hatten, kam die internationale Karriere von *Volbeat* so richtig in Fahrt. Die Band hat noch bis vor kurzem Arenen auf der ganzen Welt gefüllt und rund fünf Millionen Platten verkauft. Zwar spielt Thomas inzwischen nicht mehr bei Volbeat, ich bin mir aber sicher, dass seine Rockstarkarriere ihren wahren Anfang nahm, als er 2003 mit einer spätpubertierenden Dorfkapelle den mutigen und natürlich völlig verbotenen Sprung von der Schönberger Seebrücke gewagt hatte. Einmal Rebell, immer Rebell.

Die Verbotsschilder hängen noch heute, stelle ich fest, als ich am Ende der Brücke ankomme. Der Wind pustet mir um die Ohren, die Sonne fühlt sich trotzdem warm an. Aber heute springt hier keiner.

»Hoffentlich bleibt das Wetter die ganze Woche so«, sagt eine gut gelaunte Urlauberin neben mir zu ihrem Mann.

»Dann müssen wir noch ein paar T-Shirts nachkaufen«, antwortet er knapp.

Das ist ein guter Start meiner Weltreise, denke ich und schaue aufs Meer hinaus. Rechts von mir ragt weit entfernt die Insel Fehmarn aus dem Wasser, links erkenne ich die Mündung der Kieler Förde daran, dass die Color Line gerade wieder mit ihrem Bug um die Ecke kommt, um sich erneut auf den Weg nach Oslo zu machen. Und vor mir liegt nichts als das Meer und der Horizont. Es ist zwar nur die Ostsee, denke ich still …, korrigiere mich aber im selben Moment. Was heißt denn hier nur? Die Ostsee ist gerade mehr als genug.

Meine zweite große Regel für die Reise lautet, dass ich jeden Tag mindestens einmal etwas Internationales esse. Maximales Auslandsgefühl ist das Ziel. Diese Mission gestaltet sich in Kalifornien schwierig. Die allermeisten Imbisse und Buden haben nur Ortstypisches im Angebot: Fischbrötchen in verschiedensten Variationen, Pommes und Currywurst. Das kann ich alles nicht gelten lassen und werfe einen Blick in die Speisekarte der Deichkiste, des Restaurants in meinem Hotel. Pizza und Pasta klammere ich erst mal aus, auf die sehr einfallslose italienische Lösung werde ich vermutlich noch früh genug zurückgreifen müssen.

»Ich nehme den griechischen Flammkuchen«, sage ich

zur Kellnerin und finde, dass ich damit eine äußerst kreative Wahl getroffen habe. Französischer Flammkuchen in der Griechenland-Edition mit Feta und Oliven. Satt und zufrieden gehe ich nach dem Essen hoch auf mein Zimmer, werfe noch einen Blick aus dem Fenster auf die fast schon finstere Ostsee und lasse mich dann in mein Bett fallen. Über meinem Kopfteil hängt eine Fotoleinwand vom La Jolla Beach in San Diego. Der Strand ist das Letzte, was ich sehe, bevor ich das Licht ausmache und einschlafe.

»On a dark desert highway, cool wind in my hair«, holt mich mein Handy um acht Uhr aus dem Schlaf. Da ich den Song eh die ganze Zeit im Ohr hatte, habe ich »Hotel California« gestern Abend kurzerhand zu meinem Wecker-Klingelton gemacht. In dem *Eagles*-Lied geht es um die übertriebene Genusssucht Amerikas, um den Hedonismus, den der American Dream so mit sich bringt, und in dem Zusammenhang wohl auch ein bisschen um übermäßigen Drogenkonsum, dem die Mitglieder der *Eagles* zur damaligen Zeit durchaus mal verfallen waren. Der Erzähler kommt spät in der Nacht am fiktiven Hotel California vorbei und entscheidet sich, über Nacht zu bleiben. Was er nicht weiß, ist, dass das Hotel California genau diese Überfluss- und Genussspirale ist, der man nicht mehr entkommen kann, wenn sie einen einmal gepackt hat.

»You can check out any time, but you can never leave«, verspricht der Song am Ende, kurz bevor er in einem zweiminütigen Gitarrensolo mündet. Ich merke, wie ich mir das für meine anstehende Abreise auch wünsche. Noch ein bisschen bleiben wäre gar nicht schlecht. Leider muss ich feststellen, dass dieses Drama auf mein Hotel im schleswig-holsteinischen Kalifornien nicht zutrifft. Nach dem Frühstück packe ich meine Sachen und gehe runter zur Rezeption. Ich erwarte geheimnisvolle Stimmen, die durch den Korridor flüstern, oder wenigstens ein bisschen Wind, der durch die Gänge weht, und einen Rezeptionisten, der mir sagt, dass ich zwar jederzeit auschecken, aber niemals gehen könne. Stattdessen lege ich einfach nur meinen Schlüssel auf den Tresen, bezahle für die Nacht und verlasse das Haus äußerst unspektakulär durch den Haupteingang. Das Entkommen aus dem Hotel Californie war enttäuschend einfach.

Brasilien

Caipirinha für Norddeutsche

»Sempre assim,
em cima, em cima, em cima, em cima.
Sempre assim,
em baixo, em baixo, em baixo, em baixo.«

Bellini – »Samba de Janeiro«

Ich schultere meinen Trekkingrucksack und gehe die zwanzig Treppenstufen zum Deich hoch. Auch heute scheint die Sonne, ich laufe ihr ostwärts entgegen. Völlig klar, wo man ankommt, wenn man von Kalifornien aus weit genug nach Osten läuft, oder? Natürlich in Brasilien. Auch wenn man dafür im echten Leben ein Hinkebein mit reichlich Rechtsdrall bräuchte – und 15 Monate statt 15 Minuten.

Ich war noch nie im südamerikanischen Brasilien, aber es gibt kaum ein Land, zu dem ich so genaue (überaus verklärte) lebensfrohe, ausgelassene, leidenschaftliche Bilder im Kopf habe. Ich sehe tanzende Menschen beim Karneval in Rio und höre treibende Sambarhythmen, die durch die Straßen schallen. An den Atlantikstränden aalen sich braun gebrannte schöne Körper in der Sonne, und Männer zeigen endlich einmal echte Gefühle – wenn es um Fußball geht. Bei diesen Klischees könnte man meinen, das Leben in Brasilien sei eine einzige große Party. Davon spüre ich bei meinen ersten Schritten durch das norddeutsche Brasilien – nichts. Bis auf ein paar Hunde samt Herrchen oder Frauchen auf Gassirunde ist noch niemand auf dem Deich unterwegs. Es ist halb zehn, offenbar zu früh für Brasilianer.

Die Copacabana sieht dem Venice Beach von gestern erstaunlich ähnlich. Der Strandabschnitt Brasilien ist etwa anderthalb Kilometer lang, liegt genau zwischen Kalifornien und Schönberger Strand und führt die gewohnte Optik fort: Deich, Grünstreifen, Promenade, Dünen und Strand. Die Orientierung funktioniert auch hier mithilfe der Buhnen, Brasilien startet im Westen bei Buhne 27. Ein eigenes gelbes Ortsschild gibt es hier ebenfalls, das mir unmissverständlich zeigt, dass das hier alles kein Gag ist. Die Bundesrepublik Deutschland hat diesen Ort und seinen ungewöhnlichen Namen offiziell schwarz auf gelb anerkannt.

Im Gegensatz zu Kalifornien ist das Hinterland von Brasilien kaum bebaut. Es gibt viele grüne Weiden, auf denen Kühe grasen, dazwischen einige Wohnmobil- und Campingplätze. Unterhalb des Deichs entdecke ich ein Gebäude, das mich neugierig macht. Es ist komplett in den Brasilien-Farben Grün und Gelb gestrichen. Als ich näher komme, sehe ich, dass es sich um einen Mix aus Klohäuschen und Snackbude handelt. Auf der gelben Fassade prangt eine riesige brasilianische Flagge, und ein Schild verrät mir, dass dies der Imbiss Brasilia ist. Lustig, hier ist die Hauptstadt von Brasilien. Leider ist sie geschlossen, Lockdown in Brasilia. Davor steht ein Aufsteller, der Werbung für einen anderen Imbiss 200 Meter weiter macht. »Lecker Currywurst und Pommes, Kaffee und Eis«, steht auf dem Schild. Ich hätte jetzt lieber Caipirinha und ein paar brasilianische Snacks bekommen.

Kurz hinter Buhne 33 entdecke ich Brasiliens Wassersportcenter. Auch das besteht aus ausrangierten Seecontainern. Über hölzernen Sitzmöbeln hängt ein Sonnensegel, das Schatten spendet, ein gelbes Surfbrett steckt als Erkennungszeichen hochkant im Sand. Auch hier ist kein Mensch anzutreffen, ich bin einfach zu deutsch und zu pünktlich für Brasilien.

Ich laufe gerade den Grünstreifen wieder hoch, als ich auf dem Parkplatz hinterm Deich einen jungen Mann mit Hund aus einem Camper kommen sehe.

»Hast du zufällig was mit der Surfschule zu tun?«, rufe ich ihm zu.

»Ja, das ist meine«, ruft er zurück.

Als er auf dem Deich ankommt, stellen wir uns vor. Er heißt Bo, hat dunkelblonde Haare, einen roten Bart und stahlblaue Augen. Ein typisch norddeutscher Kerl, die Haut sonnengegerbt, wie man es von jemandem erwartet, der den ganzen Sommer draußen verbringt. Sein Australian Shepherd hört auf den Namen Benji.

»Schläfst du immer hier in deinem Camper?«

»Im Sommer auf jeden Fall«, sagt Bo. »Das ist praktischer, weil ich so keine weiten Wege habe. Außerdem gibt's nichts Schöneres, als direkt am Meer zu pennen.« Das ist der uneingeschränkt wahrste Satz, den ich seit langem gehört habe.

Ich frage ihn, wie er zum Surfschulenbesitzer wurde, und er erzählt mir, dass er schon als Kind hier auf dem Campingplatz hinterm Deich seine Urlaube verbracht hat. Der

Besitzer der Surfschule hat ihm damals das Surfen beigebracht.

»Mit achtzehn bin ich dann nach Kiel gezogen, habe eine Ausbildung zum Erzieher gemacht und eine ganze Weile mit traumatisierten Kindern gearbeitet«, fährt Bo fort. Eine unglaublich wichtige und schöne Arbeit, aber auch sehr kräftezehrend, wie er sagt. Die Surfschule sei über die Jahre immer fester Anlaufpunkt für ihn und seine Freunde geblieben – bis der Besitzer sie eines Tages verkaufen wollte.

»Wir hatten Angst, unseren Treffpunkt zu verlieren«, sagt er. »Und dann habe ich kurzerhand entschieden: Ich mach's.« Job geschmissen, Kredit aufgenommen und raus an die Ostsee gezogen. Das war vor vier Jahren.

»Was kann ich denn eigentlich für dich tun?«, fragt Bo mich.

Gute Frage. »Hm, ich wollte eigentlich gerne mal einen Surfkurs mitmachen«, sage ich zögernd. Unsere Blicke wandern gleichzeitig Richtung Meer, dann schauen wir uns wieder an und müssen lachen. Die Ostsee ist spiegelglatt, es weht kein einziges Lüftchen, das erkennt sogar der Laie.

»Andererseits«, sagt Bo, »sind das perfekte Bedingungen zum Stand-up-Paddeln. Schon mal gemacht?« SUPen habe ich tatsächlich schon ausprobiert. Ich denke kurz nach und merke, dass ich etwas enttäuscht bin. Wellenreiten in Brasilien klingt eindeutig cooler. Aber was soll's … »Pra tudo se dá um jeito« sagt der Brasilianer. Es gibt für alles eine Lösung. Ein herrlich leichtfüßiges, optimistisches Lebensmotto. Wenn es keine Wellen gibt, dann hilft auf dem Board eben nur ein Paddel.

Bo schließt seinen Container auf, holt ein paar Bretter und Neoprenanzüge raus und versorgt mich mit allem, was nötig ist.

»Im Hochsommer ist hier eigentlich jeden Tag die Hölle los, auch wenn mal nicht so gutes Wetter ist. Und dann gibt es so Tage wie heute: strahlender Sonnenschein, 24 Grad angesagt, und niemand ist da«, erzählt er mir währenddessen. An solchen Randtagen lädt Bo normalerweise gerne seine traumatisierten Kinder von damals zum Surfen ein – wenn nicht gerade eine Pandemie wütet.

Entgegen anderen Trendsportarten auf dem Wasser ist das Stand-up-Paddeln ursprünglich nicht zum reinen Vergnügen entstanden. Vielmehr war den Menschen in der Südsee (beziehungsweise vor der afrikanischen oder wahlweise peruanischen Küste, die Quellen sind sich da nicht einig) schon vor einigen tausend Jahren der tote Winkel zu groß, wenn sie in ihren Kanus saßen und auf der Suche nach essbarem Fisch waren. Also standen sie immer häufiger auf und bewegten sich im Stehen mit ihrem Paddel fort, weil sie so einen viel besseren Überblick hatten. Auf Hawaii sollen dann Mitte des 20. Jahrhunderts zunächst die Surflehrer ein Paddel beim Surfen dabeigehabt haben, weil sie sich so besser und schneller zu ihren Schülern bewegen konnten. Anfang des neuen Jahrtausends ist Stand-up-Paddeln schließlich zu einem ernst zu nehmenden Sport mit eigener Technik und eigenen Wettkampfformen geworden und hat sich von den USA über Australien und Japan bis zu uns nach Europa ausgebreitet.

Ich war schon einige Male Stand-up-Paddeln, es ist kein

schwer zu erlernender Sport. Wichtigste Regel: mittig auf dem Board stehen und die Füße in etwa links und rechts des Tragegriffs platzieren. So hat man die beste Balance, wenn mal eine Welle kommt. Damit ist heute nicht zu rechnen, und so drehe ich entspannt einige Runden, fahre um Buhne 34 herum, lege mich zwischendurch aufs Brett und lasse mich ein Stück treiben. Ich hatte mir die Copacabana zwar irgendwie wilder vorgestellt, aber immerhin habe ich sie ganz für mich allein.

»Das ist Urlaub«, rufe ich Bo zu, als ich mich wieder dem Ufer nähere.

»Ja, und ich darf das hier Arbeit nennen«, kontert er. »Genial, oder?«

Kein Zweifel.

»Nutzt du den Namen Brasilien eigentlich irgendwie, um für die Surfschule Werbung zu machen?«, frage ich.

»Nein«, sagt Bo. »Das funktioniert von ganz allein. Die Leute kommen sowieso. Spätestens seit der Fußball-WM 2014 kennt jeder in Deutschland Brasilien an der Ostsee.«

Ich erinnere mich dunkel. Damals waren Fernsehteams hier und haben wochenlang aus ihren Open-Air-Studios am Strand gesendet.

»Gerald Asamoah war mit dem *ARD-Morgenmagazin* da«, erzählt Bo weiter. »An einem Tag sind sie zu uns gekommen und haben gefragt, ob wir dem Team in der Sendung Surfen beibringen können. ›Klar‹, haben wir gesagt. ›Wann wollt ihr kommen?‹ Und sie so: ›Morgen früh um fünf.‹ Da haben wir nur laut gelacht und gesagt: ›Nee, lasst mal gut sein.‹«

Das passt sehr gut zu meinem Eindruck von Bo. Er ruht

komplett in sich und macht gerne jeden Spaß mit – aber nicht zu jedem Preis. Ein wenig Fernsehruhm ist ihm nicht wichtig genug, um dafür früh aufzustehen. Und das echte Brasilien übrigens auch nicht, um dafür um die halbe Welt zu fliegen: »Das reizt mich überhaupt nicht. Viele sagen, dass man für die besten Surfspots weit reisen muss. Was für ein Quatsch! Fünf Autostunden von hier liegen Klitmøller und andere Spots in Dänemark, die zu den besten der Welt gehören. Dafür setze ich mich doch keine vierzehn Stunden ins Flugzeug!«

Benji flitzt gerade wie von der Tarantel gestochen über den Strandabschnitt, als ich mich wieder umziehe und für die Weiterreise fertig mache.

»Was gibt's in Brasilien noch zu sehen, was ich auf keinen Fall verpassen darf?«, frage ich Bo. Er muss lachen.

»Abgesehen von den Dauercampern leben hier keine zwanzig Leute. Ich glaube, die einzigen, die überhaupt was anbieten, sind Angie und ich.«

»Wer ist Angie?«

»Oh, du warst noch nicht bei ihr? Dann wird's Zeit. Sie betreibt die Snackbar an der Buhne 31. Da wirst du Augen machen, das verspreche ich dir!«

Zehn Minuten später stehe ich vor dem Imbiss und staune tatsächlich nicht schlecht. Auch dieses Gebäude ist komplett in den Farben Brasiliens gestaltet. Ich nehme an, dass mich die Werbung vor dem geschlossenen Kiosk heute Morgen hätte hierherführen sollen. Auf der Angebotstafel sehe ich zunächst die angepriesene Currywurst mit Pommes,

Kaffee, Eis und andere gewöhnliche Snacks. Aber dann entdecken meine Augen doch tatsächlich ein Pappschild, auf dem der urbrasilianische Cocktail beworben wird: Caipirinha.

»Du spielst das Brasilien-Spiel nach allen Regeln der Kunst, was?«, sage ich zu der äußerst gut gelaunt wirkenden Frau hinter der Theke. Das ist natürlich Angie, und sie antwortet mit einem ähnlichen Selbstverständnis wie Jona gestern im Hotel in Kalifornien: »Hallo? Wir sind hier in Brasilien. Der Name ist doch eine super Vorlage, den muss man per Fallrückzieher verwandeln.«

Erst jetzt erkenne ich, dass auch Angie selbst in Grün und Gelb und mit brasilianischer Trainingsjacke bekleidet ist.

»Das ist noch nicht alles«, sagt sie. »Bei mir sind auch die Putzeimer und Putzhandschuhe und Strohhalme grün-gelb. Apropos: Willst'n Caipi?«

Da kann ich nicht Nein sagen.

Angie betreibt den Imbiss seit zwölf Jahren. Sie strahlt echte gute Laune aus, es macht sofort Spaß, bei ihr zu sein. Keine Spur von norddeutscher Zurückhaltung. Als neue Gäste ankommen und fragen, ob sie an ihrem Tisch die Masken abnehmen dürfen, ruft Angie durch die Scheibe: »Klar, das ist der Tipp, den ich allen gebe: Einfach den ganzen Tag hier bei mir bleiben und etwas trinken, dann musst du keine Maske tragen.«

»Wie viel Copacabana steckt im schleswig-holsteinischen Brasilien?«, will ich von ihr wissen, als sie mir mein Getränk bringt.

»Och, schon eine ganze Menge, würde ich sagen«, antwortet Angie. »Man muss die Norddeutschen zwar immer ein bisschen zu ihrem Glück zwingen – du kennst das ja, du bist ja auch von hier. Aber nach ein, zwei Caipis sind die dann auch ganz locker.«

»Und dann wird hier bei dir Samba getanzt?«

»Hier wurde auch schon Samba getanzt, ja. Als die WM war, hat das Tourismusbüro von Schönberg uns hier ein paar Tänzerinnen hingestellt. Das war eine dolle Sache – und ein absoluter Hingucker.«

Auf die Frage, ob sie glaubt, dass an der Namensgeschichte von Kalifornien und Brasilien was dran ist, antwortet Angie, dass sie sich den Neid unter den Fischerleuten damals durchaus vorstellen könne. Aber am Ende sei das doch auch egal, die Geschichte ist einfach gut.

Und das stimmt: Wie auch immer die Wahrheit lautet – irgendwelche Umstände haben in den letzten 200 Jahren dafür gesorgt, dass dieser Ort so geworden ist, wie er heute ist, und dass ich jetzt in einem blau-weiß gestreiften norddeutschen Strandkorb sitzen und brasilianischen Caipirinha schlürfen kann.

Als meine gelb-grünen Strohhalme nichts mehr hergeben, winke ich Angie in ihrer Bude zu, zeige auf mein Glas, und sie weiß genau, was zu tun ist.

»Tudo bem«, sagt der Brasilianer. Es ist alles in Ordnung. Ich bleibe noch ein bisschen.

Dubai

liegt an der Nordsee

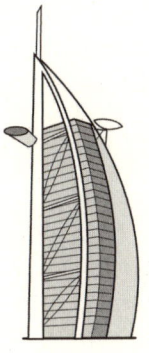

»Around the world, around the world.
Around the world, around the world.
Around the world, around the world.
Around the world, around the world.«

Daft Punk – »Around The World«

Das Angenehme an einer Reise mit öffentlichen Verkehrsmitteln: Man kann auch mit leichtem Caipi-Schwips weiterziehen und muss nicht warten, bis man wieder unter die
Promillegrenze gerutscht ist. So setze ich mich am Nachmittag gut gelaunt und mit brasilianischer Sonne im Gemüt in
die Buslinie 200 und lasse mich wieder quer durch meine Jugend zurück nach Kiel fahren. Am Hauptbahnhof wechsele
ich auf die Schiene und nehme den Regionalexpress nach
Hamburg – oder besser gesagt: die Transsibirische Eisen-
bahn. Der Zug fährt nämlich über Elmshorn, und in Elmshorn liegt Sibirien.

Wer bisher dachte, dass sich hinter dem Namen die
größte Region der Erde verbirgt, die vom Uralgebirge im
Westen bis zum Pazifischen Ozean im Osten etwa drei Viertel Russlands einnimmt, kann in Hamburgs Speckgürtel das
genaue Gegenteil erfahren: Schleswig-Holsteins Sibirien ist
winzig. Es handelt sich um eine Parkanlage, die ihren Namen schon im 19. Jahrhundert von der Elmshorner Bevölkerung bekam, weil der dortige Boden unfruchtbares Moor-

und Heideland war. Wie man sich eben Sibirien vorstellte – allerdings ohne 13 Millionen Quadratkilometer Fläche, ohne acht Zeitzonen und ohne extreme Klimabedingungen. Dafür gibt es im norddeutschen Sibirien eine Gaststätte mit kleinem Waldgebiet, einen Spielplatz, eine Minigolfanlage und einen See mit einem Rundweg von etwa 700 Metern Länge. 2014 fand dort der 1. Sibirien-Marathon statt. Um auf die vorgegebene Distanz von 42,195 Kilometern zu kommen, mussten die Teilnehmer 59 mal um den See laufen. Das ist genau mein Humor.

Da ich es heute noch bis nach Dubai schaffen möchte, lasse ich Sibirien allerdings links liegen und bleibe im Zug sitzen. Mit einer Verspätung von sechs Minuten verlässt er den Elmshorner Bahnhof – und damit beginnt eine Odyssee, die sich nur beim Bahnfahren in Deutschland entspinnen kann. Meine Umsteigezeit in Hamburg in den ICE Richtung Bremen beträgt nur noch eine Minute – ich habe also keine Chance, den Anschluss zu bekommen, und muss umdisponieren. Stattdessen soll es jetzt mit der S-Bahn über Buxtehude gehen. Es ist später Nachmittag, der Bahnsteig ist proppenvoll mit Berufspendlern. Ich muss an den Fahrer im Schönberger Museumsbahnhof denken.

Unverhofft bekomme ich in der S-Bahn einen Sitzplatz, auf dem Vierersitz nehmen außerdem eine ältere Dame, ein gerade volljähriger Teenager mit Airpods in den Ohren und Energydrink in der Hand sowie die Mitarbeiterin einer Sicherheitsfirma Platz. Als die S-Bahn losfährt, entwickeln sich um mich herum Szenen, die einem so einfach nur der öffentliche Nahverkehr ermöglicht.

»Was ist dein Scheißproblem?«, fragt der junge Mann mit Energydrink. Die Menschen um ihn herum blicken auf. Es dauert einen kurzen Moment, bis wir begreifen, dass er über seine Airpods mit jemandem telefoniert.

»Meinem besten Freund geht es gerade beschissen, und du laberst mich voll?« Stille.

Dann: »Was soll das? Warum provozierst du mich? Ey, Fabi wurde von so 'nem Typen geschlagen, also bin ich hin, um ihm zu helfen.«

Stille.

»Ich bin doch jetzt auf dem Weg zu dir.«

Stille.

»Ja, dann mach doch Schluss.«

Er legt auf und stößt für sein Publikum ein lautes »Mann, ey!« aus. Jetzt wissen wir zumindest schon mal, dass die Person am anderen Ende seine Freundin war. Wie eine gute deutsche Soap. Stück für Stück gibt's neue Erkenntnisse, trotzdem bleibt es immer spannend.

»Was ist los?«, bellt der Jugendliche kurz darauf unvermittelt wieder los. Ah, sie hat wieder angerufen. Die nächste Folge startet.

»Wie, du wolltest mir heute eh absagen? Ich bin auf dem Weg zu dir.«

Stille.

»Und jetzt nicht mehr oder was? Ganz ehrlich: Fick dich!«

Er legt auf. Die ältere Dame auf unserem Vierer ist spürbar erschrocken. Spätestens jetzt sind wir alle etwas zu nah dran an dieser Seifenoper. Kann die Kamera bitte mal ein ganzes Stück rauszoomen?

»Entschuldigung«, sagt ein Mann vom Vierer gegenüber zu der Sicherheitsfrau neben mir. »Aus Ihrer Tasche tropft es.«

»Oh nein, scheiße«, sagt die Frau hektisch und fängt an, in ihrer Tasche zu wühlen. Sie scheint schon zu ahnen, wo das Problem liegt.

»Was ist jetzt? Soll ich kommen oder nicht?«, raunzt der Energydrinker wieder zu laut in seine Airpods. »Ich bin doch nicht dein Clown, der jetzt gleich wieder umdreht.«

Stille.

»Ey, merk dich mal!«

Stille.

»Ich soll mich merken? Merk du dich mal!«

Er legt auf. Jetzt wird's zur Sitcom, das Publikum kann sich die ersten leisen Lacher nicht verkneifen. Ich hingegen finde diese letzte Szene ziemlich stark und das eben Gesagte sprachlich sehr präzise. Selbstreflexion, sich also regelmäßig zu hinterfragen, ist für mich eine der wichtigsten Eigenschaften, um vernünftig mit sich und anderen umzugehen. Der Satz »Merk dich mal« wirkt erst mal ungelenk, drückt den Wunsch des Sagenden aber unmissverständlich aus. Die Anweisung ist eine perfekte Verknappung der Bitte, einmal kurz nachzudenken, was man da gerade gesagt oder getan hat. Jugendsprache olé! Wird umgehend in meinen Sprachschatz aufgenommen.

Die Sicherheitsfrau hat inzwischen gefunden, wonach

sie gesucht hat, und holt einen triefenden Tetra Pak mit Ananassaft aus ihrer Tasche.

»Na, das wird gleich aber ordentlich kleben«, kommentiert die ältere Dame.

»Ja, so ein Mist«, sagt die Frau peinlich berührt.

»Nicht richtig zugedreht, was?«, bohrt die Dame unnötig nach.

»Ja, sieht so aus.« Die Sicherheitsfrau versucht freundlich zu bleiben.

»Am besten gleich alles in die Waschmaschine stecken«, rät die Dame wohlmeinend. »Auch die Tasche!«

»Ja, guter Tipp. Danke«, antwortet die Frau genervt.

»Bitte«, sagt die ältere Dame.

Erneuter Szenenwechsel, man kommt kaum hinterher. Die Freundin ist zurück in den Airpods: »Dann laber mich nicht am Telefon voll, sondern sprich mit mir, wenn ich vor deiner Fresse stehe«, sagt der junge Mann.

Die ältere Dame schüttelt den Kopf, hier traut sie sich aber offenbar nicht, etwas zu sagen.

»Was soll der Scheiß? Soll ich jetzt kommen oder nicht?«

Stille. Eine etwas zu lange Stille. Dann sagt er deutlich leiser, fast traurig: »Und ich hab dir Hühnersuppe gekauft, als es dir schlecht ging, weißt du … Leck mich.« Er legt auf.

Betretenes Schweigen in der S-Bahn. Das war's wohl. Der junge Mann schaut noch eine Weile stumpf aus dem Fenster, dann steigt er an der nächsten Station aus. Ein Serienfinale mit offenem Ende, der Cliffhanger zum Ausklang der Staffel. So macht es jede gute Netflix-Produktion. Wir

Zuschauer bleiben perplex zurück und müssen hoffen, dass die Macher bald eine weitere Staffel drehen werden.

Die S-Bahn entscheidet sich kurzfristig, doch nicht bis Buxtehude zu fahren, sondern in Neugraben Endstation zu machen. »Bitte alle aussteigen, Passagiere nach Buxtehude warten bitte am Gleis gegenüber.« Nach vier Minuten rollt endlich der Ersatzzug an den Bahnsteig heran. Damit bleiben mir in Buxtehude noch genau zwei Minuten zum Umsteigen. Mein Anschluss ist erneut gefährdet, und mir kommen erste Zweifel, ob öffentliche Verkehrsmittel wirklich die richtige Wahl für eine stressfreie Weltreise sind. Ich befinde mich ja noch immer im Bereich größter Infrastruktur, im Süden von Hamburg. Wie soll es erst werden, wenn ich wirklich in die Provinz fahre?

In Buxtehude sprinte ich durch die Unterführung von Gleis 1 zu Gleis 4. Der blau-gelbe EVB-Zug Richtung Bremerhaven steht zum Glück noch da. Es klappt gerade so. Hinsetzen, durchatmen, weiterfahren.

Dann aber der fulminante Schlussakkord: Auf halber Strecke kommt der Schaffner durch den Zug und kontrolliert meinen Fahrschein.

»Mit dem Ticket dürfen Sie hier gar nicht fahren«, sagt der Mann streng. »Die EVB ist eine Privatbahn, wir haben mit der Deutschen Bahn nichts zu tun.«

»Oh, das wusste ich nicht«, sage ich entschuldigend. »Ich habe meinen Anschluss in Hamburg verpasst.« Und mit meinem besten Welpenblick füge ich hinzu: »Kann ich nachlösen?«

»Nein, das geht nicht. Ich müsste Sie dann jetzt aufschreiben.«

Das darf nicht wahr sein! Ich spüre, wie mir schlagartig Hitze in den Körper schießt. Schwarz gefahren auf der ersten Etappe des Trips. Wirklich: Herzlichen Glückwunsch, du Reiseprofi!

Der Schaffner hält noch mal kurz inne und sagt dann trocken: »Ich habe Sie jetzt belehrt, damit Sie fürs nächste Mal Bescheid wissen. Und dabei belassen wir's dann.« Glück gehabt!

»Danke, das ist sehr nett von Ihnen«, sage ich kleinlaut und zweifele jetzt heftig an meinem Verkehrsmittel-Plan.

Die Odyssee endet, als ich mit getrocknetem Angstschweiß auf der Haut und eine knappe Stunde später als geplant an meinem Etappenziel Bremerhaven ankomme.

Wieso überhaupt Bremerhaven, dieser unscheinbare Bremer Außenposten an der Nordsee? Warum gehört die 120000-Einwohner-Stadt bei einer Weltreise durch Deutschland dazu? Nun, es gibt Orte in Deutschland, die wie andere Orte auf der Welt heißen. Und es gibt Orte, die wie andere Orte auf der Welt aussehen. Bei Bremerhaven ist Letzteres der Fall. Hier, wo die Weser in die Nordsee mündet, wähnt man sich nämlich plötzlich in Dubai. Nicht unbedingt wegen der Temperaturen – auch wenn Küstenwind und Wüstenwind ähnlich klingen, unterscheiden sie sich in der Regel doch durch ein paar Dutzend Grad. Aber die Bremerhavener Havenwelten, ein ziemlich futuristisch gestaltetes Stadtviertel mit Museen, Einkaufszentren und Restaurants, würden ganz sicher auch das Herz des Emirs von Dubai höher schlagen lassen.

Direkt am Flussufer steht seit 2008 das *Atlantic Hotel Sail City*, das dem berühmten arabischen Luxushotel *Burj al Arab* erstaunlich ähnlich sieht. Beide Gebäude haben die Form eines überdimensionalen Segels. Erst bei genauerem Hinschauen fallen kleine Unstimmigkeiten auf. Stellte man die beiden Hotels direkt nebeneinander, würde zunächst einmal der Größenunterschied deutlich werden: Das Original in Dubai zählt gewaltige 321 Meter, in Bremerhaven sind es gerade mal 147 Meter. Auf dem Dach des *Burj al Arab* gibt es einen Hubschrauberlandeplatz, auf dem sich vor vielen Jahren Roger Federer und Andre Agassi ein Tennismatch geliefert haben. Auf dem *Atlantic*-Hotel existiert immerhin eine Aussichtsplattform für Besucher. Und auch preislich liegen die beiden Hotels deutlich auseinander. Während man in Dubai keines der Sieben-Sterne-Zimmer unter 1200 Euro bekommt, geht es im Vier-Sterne-Haus in Bremerhaven mit Glück schon bei 97 Euro los. Durch die halbrunde Bauweise hat jedes Zimmer einen garantierten Weserblick. Ich finde meins im sechsten Stock und staune nicht schlecht über die Aussicht.

Bisher hatte ich die Weser maximal als mittelgroßes Flüsschen wahrgenommen. In der achten Klasse haben wir mal eine Klassenfahrt mit dem Fahrrad von Hannoversch Münden nach Hameln gemacht, immer am Ufer des ruhigen und überschaubar breiten Flusses entlang. Hier in Bremerhaven ist die Weser aber zu einem ganz schön amtlichen Strom herangewachsen, kurz bevor sie schließlich in die offene Nordsee mündet, über der gerade die Sonne untergeht. Eine irritierend schöne Szene aus einer Stadt, die ansonsten nicht das allerbeste Image hat.

In den letzten Jahren ist im Zusammenhang mit Bremerhaven immer wieder von Deutschlands »Armenhaus« die Rede gewesen. Hohe Arbeitslosigkeit, große Kinderarmut – und das, obwohl hier dank *Iglo* und *Frosta* jedes Jahr knapp drei Milliarden Fischstäbchen übers Band laufen. Das ist Weltrekord! Auch den Schiffswerften ging es Mitte des 20. Jahrhunderts noch richtig gut. Aber als asiatische Werften immer günstigere Preise anbieten konnten und die US-Armee Anfang der 1990er-Jahre ihren Stützpunkt in der Stadt aufgab, geriet Bremerhaven in eine wirtschaftliche Schieflage. Klar, dass damit auch zunehmend die Touristen wegblieben – bis man sich um die Jahrtausendwende zu einer Flucht nach vorne entschloss: den Bau der Havenwelten.

Das Segel-Hotel ist das optische Aushängeschild des Stadtteils rund um den Alten und den Neuen Hafen, auf den ich von meiner Fensterfront aus freie Sicht habe. Im Neuen Hafen liegen einige historisch anmutende Zweimaster und am Ostufer ein Dampfschiff, dahinter stehen an Land moderne Wohnklötze, in denen das ein oder andere teure Penthouse verbaut sein dürfte. Auf der gegenüberliegenden Seite ragt das Bremerhavener Oberfeuer in den Himmel, ein Leuchtturm, der von hier auf den ersten Blick eher wie ein Rathausturm aussieht. Und ich bilde mir sogar ein, auf dem Hafenabschnitt vor mir einen weißen Eisbären zu erkennen, der gerade an einer der Felswände seine Runden dreht. Hier am Weserufer liegt nämlich der *Zoo am Meer*, einer der kleinsten Zoos Europas, der sich speziell auf wasserlebende Tiere konzentriert, darunter Eisbären, Robben und Humboldtpinguine.

Letztere haben dem Zoo schon mehrfach internationale Aufmerksamkeit beschert. Kurz nach dem Umbau und der Wiedereröffnung 2004 machte die Meldung der schwulen Pinguine aus Bremerhaven die Runde. Es gab im Zoo zu wenige Weibchen, weshalb sich Männchen zum Kuscheln zusammentaten und unter anderem versuchten, Steine auszubrüten. Auch als man in den Folgejahren Weibchen aus anderen Zoos aufnahm, blieben die Männchen weiter zusammen. Never change a swimming team. Der Gipfel der Pinguinromantik kam dann im Jahr 2009: Ein heterosexuelles Paar verstieß ein Ei, ein schwules Paar nahm es bei sich auf, brütete es aus und zog den kleinen Babypinguin am Ende tatsächlich groß. Ist das nicht wunderbar?

Hinter dem Zoo sehe ich zwei Kreuzfahrtschiffe vor Anker liegen, und ganz am Ende staksen Hafenkräne in die Luft. Oder sind es in diesem Fall eigentlich Havenkräne? Friedrichshafen, Ludwigshafen, Bad Karlshafen – eigentlich schreibt man die Hafenstädte in Deutschland mit einem »f«. Logisch. Durch die sprachliche Nähe zum Englischen wurde aber im Nieder- und Plattdeutschen das Wort Hafen stets mit »v« geschrieben. Das Hochdeutsche schaffte es erst später aus dem Süden hierher. Zu spät, um die bereits existierenden stolzen Städte Cuxhaven, Wilhelmshaven und Bremerhaven noch umzubenennen.

Dank meiner epischen Anreise ist es schon fast dunkel, als ich mich auf einen kleinen Spaziergang durch die In-

nenstadt mache. Wie die meisten Einkaufsstraßen in deutschen Großstädten ist auch die Bremerhavener Fußgängerzone nicht weiter der Rede wert, es reihen sich die Geschäfte
bekannter Unternehmen aneinander. Die Straße nennt sich
Bürgermeister-Smidt-Straße und wurde nach dem einstigen
Bürgermeister benannt, der die Stadt 1827 als maritimen
Außenposten Bremens gegründet hatte. Die Not war groß:
Weil die Unterweser auf dem Weg nach Bremen immer stär-
ker versandete und von den großen Handelsschiffen nicht
mehr angelaufen werden konnte, musste ein neuer Hafen
direkt an der Nordsee her. Johann Smidt kaufte dem König-
reich Hannover das Landstück am rechten Weserufer ab –
und so gehört Bremerhaven auch heute noch zum Bundesland Bremen, obwohl es komplett von Niedersachsen umgeben ist.

Die Fußgängerzone ist um diese Zeit schon recht aus-
gestorben, weshalb ich meinen Rundgang recht bald wieder
beende. Auf dem Rückweg finde ich immerhin eine Sushi-
bar, die meine Essensfrage für heute klären darf. Ich bin mit
Sushi zwar bisher nie wirklich warm geworden – im Gegensatz zu Eisbären und Pinguinen kann ich dem Verzehr von
rohem Fisch nämlich absolut nichts abgewinnen. Aber ich
bestelle einfach vegetarisches Sushi mit Avocado, Gurke und
weiterem in Reis und Algenblätter eingerolltem Gemüse
und schmause mich so nach Fernost. Wegen Corona gibt es
das Menü nur zum Mitnehmen, und so esse ich schließlich
japanisches Veggie-Sushi in meinem Dubai-Hotel in Bremerhaven. Mehr multikulti auf einmal geht gar nicht,
könnte man meinen. Aber dass dieses Gefühl hier an der

Wesermündung definitiv noch steigerbar ist, soll der morgige Tag eindrucksvoll zeigen.

Der zweite Grund, warum ich Bremerhaven in meine Weltreiseroute eingebaut habe, liegt als geschwungenes Riesengebäude direkt hinter dem Segelhotel und versprüht optisch ebenfalls viel vom dubaischen Bauboom. Das *Klimahaus Bremerhaven 8° Ost* wurde 2009 in den Havenwelten eröffnet und zählt seitdem zu den meistbesuchten Sehenswürdigkeiten Norddeutschlands. Ich wollte schon immer mal herkommen, weil man hier etwas ganz Verrücktes machen kann: an einem Tag um die ganze Welt reisen.

Bremerhaven liegt auf dem 8. Längengrad Ost und hat vor vielen Jahren eine Truppe Neugieriger um den Bremer Architekten Axel Werner losgeschickt, die sich für die detailgetreue Planung des Klimahauses genau auf dieser unsichtbaren Linie einmal um den Globus bewegt hat.

»Ich hatte das große Glück, Axel Werner anderthalb Jahre lang als Kameramann begleiten zu dürfen«, erzählt Norman Fahlbusch, als ich mich zusammen mit anderen Besuchern im Foyer eingefunden habe. Norman ist Tourguide im Klimahaus. Man kann hier auch alleine auf die Reise gehen, aber ich schätze, dass es kaum einen besseren Führer geben kann als jemanden, der bei dem echten Trip dabei war.

»Das Klima hier im Haus ist übrigens echt«, warnt Norman. »In der Südsee wird es brütend heiß und in der Antarktis bitterkalt. Es wird mal feucht, mal stickig und mal wasserarm. Wir werden auf unserer Reise alle fünf Klimazonen der Erde am eigenen Leib erfahren.« Ein leises Raunen geht durch unsere Gruppe. »Keine Sorge, wir werden trotzdem eine Menge Spaß haben«, beruhigt uns unser Guide. »Aber das Klimahaus hat auch einen ernsten Ansatz.« Er meint den Klimawandel – beziehungsweise den Einfluss des Menschen auf das Klima.

Die Reise beginnt mit einer kalten Gletscherwanderung durch die Schweizer Alpen und der Geschichte einer Familie von Milchbauern, die von der Gletscherschmelze und den damit einhergehenden Stein- und Gerölllawinen ernsthaft bedroht ist. In einer Schweizer Seilbahngondel ruckeln wir weiter, bis wir auf Sardinien ankommen und bei angenehmen 25 Grad auf die Größe eines Insekts schrumpfen. Denn natürlich wird auch die Tierwelt durch den Klimawandel beeinflusst. Ich mag, wie man hier in jedem Raum Teil einer anderen Welt wird. Als wir erfolgreich das Mittelmeer und Nordafrika überquert haben, wird es zum ersten Mal exotisch – erst im staubtrockenen Niger, wo wir bei heißen 35 Grad auf Sand laufen, und anschließend im tropisch-warmen Regenwald von Kamerun, wo wir uns auf einer Hängebrücke vor Feuchtigkeit und Wasser gar nicht retten können.

»In dem Fluss unter uns gibt es eine enorme Fischvielfalt«, erzählt uns Norman. »Zum Beispiel lebt hier der Elektrische Wels, mit dem wir auf unserer Reise eine unglaubliche Geschichte erlebt haben.« Auf der Suche nach Nahrung sei ein ausgewachsenes Krokodil an so einen Wels mit einer Stromstärke von etwa 350 Volt geraten. »Als das Krokodil gerade zuschnappen wollte, bekam es von dem Wels einen solchen Stromstoß, dass es für einen Moment wie gelähmt mit halb geöffnetem Maul verharrte und der Wels entspannt wegschwimmen konnte. So etwas kann man sich gar nicht vorstellen.« Norman ist ein richtig guter Geschichtenerzähler, ich will unbedingt mehr hören.

Wir verlassen Kamerun durch die nächste Tür und stehen vor einer weißen Schiffstreppe.

»Kommt rauf«, sagt Norman. »Das ist unser Expeditionsschiff in die Antarktis.« Ich bin beeindruckt von der Genauigkeit, mit der die Stationen gestaltet sind, von der Echtheit und Detailverliebtheit. In Kamerun hörten wir den prasselnden Regen auf den Wellblechdächern und auf Sardinien die echte Geräuschkulisse der Tierwelt. Jetzt kreischen Möwen um uns herum, Schiffsplanken knarzen, und es wird mit jedem Schritt kälter, bis wir schließlich bei minus zwölf Grad in der gefrorenen Landschaft des lebensfeindlichsten Kontinents stehen: der Antarktis. Dunkelheit und echtes Eis, ein kleiner Koffer steht vor einem Expeditionsiglu, aus ihm leuchtet fahles Licht. Die Kinder unserer Gruppe haben Spaß, sie schlottern und quieken laut.

»Ich weiß gar nicht, was es hier zu kreischen gibt«, sagt Norman schmunzelnd. »Das ist die Sommertemperatur in der Antarktis, eigentlich herrschen dort um diese Jahreszeit minus 69 Grad.«

»Boah, das wäre nichts für mich«, stöhnt eine Teilnehmerin. »Ich wäre jetzt lieber auf Samoa.«

Nichts leichter als das. Direkt hinter der Neumayer-Station geht es geradezu märchenhaft über eine Wendeltreppe hinauf in den unglaublich schönen Sternenhimmel der südlichen Hemisphäre, und schon sind wir da: Irgendwo zwischen Fidschi, Tonga und Tuvalu liegt mitten im Pazifik der Inselstaat Samoa. Der Dschungel ist unglaublich schwül, 80 Prozent Luftfeuchtigkeit und heiße 38 Grad.

»Erahnt ihr diesen bitteren Geruch in der Luft?«, fragt Norman. Wir nehmen eine tiefe Nase durch unsere Masken und stellen fest, dass da tatsächlich was riecht.

»Das ist Kava, eine Pfefferpflanze, aus der die Samoaner uns nach unserer Ankunft ein Pfeffergetränk zubereitet haben. Wir dachten, das sei unser Welcome Drink.« Falsch gedacht: Kava ist ein Rauschpfeffer, der vor allem bei religiösen Zeremonien eingesetzt wird und eine extrem entspannende Wirkung haben soll.

»Erst sind wir davon sehr schläfrig geworden«, erzählt Norman. »Das Schlimmste aber war, dass unsere Zungen taub wurden und wir tagelang keinen Geschmackssinn mehr hatten.«

»Warum haben sie das mit euch gemacht?«, will ein Mann aus der Gruppe wissen.

»Unser Gastgeber erzählte uns von dem samoanischen Glauben, dass jeder Mensch einen guten und einen bösen Geist hat – und dass der böse Geist verschwindet, wenn man ihm das grässlichste Getränk der Welt verabreicht.« Die Gruppe lacht.

Zum Glück hat sich nach diesem schwierigen Start eine Freundschaft zwischen den Deutschen und den Samoanern entwickelt. Zwei von ihnen waren kurz vor der Eröffnung sogar zu Besuch im Klimahaus, um bei den letzten Arbeiten Hand anzulegen. Dabei ist das kleine originalgetreue Paradies mit Sandstrand, Korallenriff, glasklarem Wasser und traditionellen Pfahlbauten entstanden, in dem wir nun stehen.

Spätestens jetzt bin ich vollends begeistert vom Klimahaus. Es ist kein Museum, dieses staubige Wort trifft es nicht mal im Ansatz. Es ist eine Erlebniswelt mit echten Geschichten von echten Menschen, die man hier mit fast allen Sinnen entdecken kann – nicht ohne dabei an jedem Ort über seine individuelle Gefährdung durch den Klimawandel erinnert zu werden.

Genau solche Geschichten will ich erleben, in einer Zeit, in der ich die Welt nicht selbst bereisen kann. Mithilfe von Menschen wie Norman, der auf diesem unglaublichen Trip um die Welt dabei war. Nach der Führung laufe ich noch ein zweites Mal auf eigene Faust durch das Klimahaus – aber nicht ohne mir vorher das i-Tüpfelchen des Hauses besorgt zu haben: Für einen Euro gibt es am Eingang einen Reisepass, mit dem man seine Weltreise durch Einreisestempel an jeder Station beglaubigen lassen kann.

Ach, Bremerhaven war eine tolle Idee. Zu Beginn meiner Reiseplanung wollte ich eigentlich nur streng die Orte aufnehmen, die sich ihre Namen bei bekannten Originalen geliehen haben. Aber jetzt weiß ich, dass dann etwas fehlen würde. Deshalb werde ich im Laufe der Tour noch einige weitere Orte ansteuern, die aus ganz anderen Gründen die große weite Welt nach Deutschland bringen.

Weiter geht's. Ich freu mich drauf.

Rußland & Amerika

Johnny aus der Pufferzone

Abgesehen von Kalifornien und Brasilien, die ich schon mein ganzes Leben lang kenne, waren Rußland und Amerika in Niedersachsen die ersten beiden Orte, die für diese Weltreise feststanden. Ich hatte vor Jahren mal von ihnen gehört und war im Sommerurlaub in Ostfriesland wieder über sie gestolpert – und darüber, dass die beiden Ortsteile der Gemeinde Friedeburg gerade mal zwei Kilometer auseinanderliegen. Völlig klar, dass ich da hinmuss.

Bevor es losgeht, habe ich in Bremerhaven noch etwas Zeit, die ich beim Bahnhofsasiaten verbringe. Ich verschlucke mich fast an meinen Frühlingsrollen, als mir die Bahn-App anzeigt, dass die nächste Verbindung nach Friedeburg um 14:42 Uhr gleichzeitig die letzte ist, die ich nehmen kann, um noch am selben Tag anzukommen. Mir zeigt sich eine Parallele von der großen zu meiner kleinen Welt: Es dauert ewig, um nach Rußland zu kommen. Egal in welches. Dabei sind es doch nur 80 Kilometer von Bremerhaven nach Friedeburg. Provinz, ich komme!

Nachdem sich die vier Züge und Busse mit Umwegen über Bremen und Oldenburg einmal um den Jadebusen bewegt haben, checke ich in mein Friedeburger Hotel ein. Es liegt genau zwischen Rußland und Amerika, es ist sozusagen das Europa während des Kalten Krieges. Dabei hat man oft eine verzerrte Wahrnehmung der geografischen Anordnung der Länder.

Viele denken, dass Amerika und Russland sehr weit voneinander entfernt sind, dass der riesige Atlantische Ozean und dann noch der ganze Kontinent Europa zwischen den beiden Weltmächten liegen. Amerika ganz im Westen, Russland ganz im Osten. Das stimmt aber gar nicht, in Wahrheit sind es Nachbarländer – nur leider wird der Globus für gewöhnlich an der Stelle aufgeschnitten, wo sie sich treffen, damit die Erde als flache Karte dargestellt werden kann. Würde man die Weltkugel im Atlantik durchtrennen, würde sehr schnell deutlich werden, wie nah sich die beiden eigentlich sind. Der westlichste Festlandzipfel Alaskas und der östlichste Festlandzipfel Sibiriens liegen gerade mal 85 Kilometer auseinander. Und noch verrückter: Genau in der Mitte zwischen den Staaten liegen in der Behringstraße die Diomedes-Inseln. Die westliche Große Diomedes-Insel gehört zu Russland, die östliche Kleine Diomedes-Insel zu den USA. Durch die internationale Datumsgrenze, die genau zwischen ihnen verläuft, liegen sie einen ganzen Tag – und gefühlt eine ganze Welt – auseinander, dabei trennen Russland und Amerika an dieser Stelle nur vier mickrige Kilometer. Fast so wie hier in Ostfriesland.

Auf dem Schreibtisch meines Hotelzimmers liegt der offizielle Reiseführer für Ostfriesland. Rund um Friedeburg befinden sich so einige Highlights: das Wattenmeer und die ostfriesischen Inseln von Borkum bis Wangerooge, hübsche Städtchen wie Jever, Leer und Norden, der bekannte dicke Pilsumer Leuchtturm, *Dat Otto Huus* in Emden über den berühmtesten Ostfriesen der Welt. Und auf Seite 38, wo es um Naturpfade und Wanderrouten geht, ist rechts oben in der Ecke auch von der Tour die Rede, die ich mir für morgen vorgenommen habe: zu Fuß von Rußland nach Amerika.

Beim Frühstück komme ich mit zwei älteren Ehepaaren ins Gespräch, denen ich von meinem Plan erzähle.

»Na, da erwarten Sie aber mal nicht zu viel«, sagt die eine Frau. »Das ist einfach nur ein Feldweg.«

»Sie meinen, der Wanderweg ist nur gutes Marketing?«, frage ich. Sie zuckt mit den Schultern.

»Das Fernsehen war jedenfalls auch schon hier«, schaltet sich Udo Schumacher ins Gespräch ein. Er ist der Hoteldirektor. Ich muss an die Geschichten von Bo und Angie aus Brasilien denken und ahne, was jetzt kommt. »Als vor zwei Jahren die Fußball-WM in Russland stattfand, hat das *ARD-Morgenmagazin* hier bei uns im Hotel gewohnt, um jeden Morgen live aus Rußland zu senden.« Diese Fernsehleute sind einfach so durchschaubar ... Ich bin gespannt, ob sie bis zur nächsten WM auch noch irgendwo in der deutschen Provinz ein Katar aus dem Boden stampfen, um von dort senden zu können.

In Rußland leben rund 250 Menschen, der Ortsteil von Friedeburg besteht aus gerade mal drei Straßen. Die Hauptachse ist der Rußlandweg, die gleichnamige Bushaltestelle definiere ich als Startpunkt für meine Wanderung. Neben der Wartebank steht nämlich nicht nur das offizielle grüne Ortsschild von Rußland, sondern seit Mai 2018 auch eine etwa 1,50 Meter große Matroschka, die ein Friedeburger Künstler hier pünktlich zur WM aufgestellt hat.

Die Route führt durch das Wohngebiet Rußland, über dessen Namensentstehung drei Geschichten existieren. Die erste Legende besagt, dass hier vor über hundert Jahren mal ein Bauer gelebt haben soll, der so mürrisch und rau war, dass man ihn »Russe« nannte. Die zweite Theorie geht auf die einstige Einöde und schwierige Bewirtschaftung des Bodens zurück. Es sei hier so karg und unfruchtbar wie in Russland. Am wahrscheinlichsten ist aber wohl, dass früher die hiesigen Mischwälder zu Kohle verarbeitet wurden. Der ansässige Köhler wurde auch Rußer genannt. Vielleicht wird das ostfriesische Rußland deshalb auch mit ß geschrieben.

Ich laufe an einem Landwirtschaftsbetrieb und einem Vorgarten vorbei, in dem eine kleine Windmühle mit deutscher Flagge steht. Außerdem stehen alle blauen Tonnen draußen, weil heute wohl der Papiermüll abgeholt wird. Abgesehen davon behält die Frau vom Frühstück bis jetzt recht. Der Weg ist reichlich unspektakulär.

Auf der rechten Straßenseite entdecke ich das Schild des Spirituosenherstellers Heiko Blume. Wird etwa ausgerechnet hier im Rußlandweg Wodka hergestellt? Ich werfe einen Blick auf den Betriebshof, es scheint aber niemand da zu sein. Meine spätere Recherche wird ergeben, dass die Spirituosenfabrik tatsächlich einen Bezug zum echten Russland hat. Als vor 30 Jahren der Eiserne Vorhang fiel und die ehemalige Sowjetunion mit der Wodka-Produktion für die eigene Bevölkerung nicht mehr hinterherkam, wurde hier im Rußlandweg Wodka bestellt und täglich in großen LKW nach Russland gekarrt. Es gibt Geschichten, die kann man sich nicht ausdenken!

Ich biege vom Rußlandweg links in den Mickenbarger Weg ein und stehe kurze Zeit später vor einem Baumstumpf. Er markiert offenbar fast genau den Mittelpunkt zwischen Rußland und Amerika. Darauf steht: »1,2 km nach Rußland, 1 km nach Amerika.« Es ist der Grenzstein.

»Na, du hast es ja schon fast bis nach Amerika geschafft«, sagt eine Stimme hinter mir. Ich drehe mich um und erkenne Hermann Behrends, den Ortsvorsteher von Amerika. Wir hatten vorher telefoniert und uns hier verabredet.

»Muss ich bei dir die Einreise beantragen?«, frage ich.

»Nee, das ist das Gute bei uns«, sagt Hermann. »Hier gibt es keine Visaformalitäten, keinen schwierigen Grenzübertritt, hier kannst du einfach leben, wie du willst.«

Hermann Behrends ist Mitte sechzig, Landwirt und steht kurz vor der Rente. Ortsvorsteher zu sein ist sein Nebenamt. Er erzählt, dass man sich auch bei der amerikanischen Namensentstehung nicht ganz sicher ist. Die Bezeichnung könnte entstanden sein, als um 1820 die ersten Menschen aus der Gegend nach Amerika auswandern wollten.

»Einige haben es geschafft, andere aber haben in Bremerhaven festgestellt, dass sie sich das Schiffsticket nicht leisten können. Die sind dann wieder umgekehrt und haben sich hier auf einer freien Weidefläche ihr eigenes Amerika gebaut.« Diese Geschichte erzähle sich natürlich gut, ob sie aber wirklich der Wahrheit entspreche, sei nicht mehr wirklich nachzuvollziehen. Und das, obwohl es sogar noch einen direkten Nachfahren eines Auswanderers gibt.

»Der Urenkel von Herrn Gehls ist schon fast neunzig«, erzählt Hermann. »Sein Urgroßvater hat sich damals auf den Weg nach Iowa gemacht, das war sein großer Traum vom Neuanfang. Blöd war nur, dass seine Frau und seine Kinder gerne hierbleiben wollten. Deshalb hat er kurzerhand die Schwester seiner Frau mitgenommen und mit ihr in Iowa eine neue Familie gegründet.« So ist das im Leben, man muss flexibel bleiben.

Ein schwarzes Auto fährt auf das Grundstück neben uns.

»Ah, da kommt ja unser Grenzbeamter«, sagt Hermann und stellt mir Johnny Schuster vor, der aus dem Auto steigt. Er ist derjenige, der den hölzernen Grenzstein zur WM hier aufgestellt hat.

»Haben wir schon wieder einen Eindringling?«, fragt Johnny schmunzelnd. Er hat schneeweiße Haare, ist kräftig gebaut und trägt einen üppigen Schnurrbart, der auch einem texanischen Cowboy gut stehen würde.

»Bist du denn nun Russe oder Amerikaner, wenn du hier auf der Grenze wohnst?«, frage ich ihn.

»Weder noch«, antwortet er. »Du bist hier in Mickenbarg. Das ist die Gegend zwischen den beiden Großmächten. Hier ist das entmilitarisierte Gebiet, die Pufferzone, falls es mal Streit geben sollte.«

»Ich nehme aber an, dass in der Regel alles friedlich verläuft, oder?«, hake ich lachend nach.

»Ja, meistens verstehen wir uns. Aber einmal im Jahr gibt's ordentlich einen auf die Mütze.«

Hermann erzählt von dem jährlichen Wettbewerb zwischen Rußland und Amerika: »Früher gab es jedes Jahr eine andere Disziplin. Tauziehen und so was. Aber seit ein paar Jahren hat sich die Tradition des Fischerstechens festgesetzt.«

Immer am dritten Augustwochenende findet das Spektakel nördlich von Amerika auf dem Ems-Jade-Kanal statt. Dabei fahren ein russisches und ein amerikanisches Kajak aufeinander zu, in jedem Boot sitzen zwei Paddler und ein Stecher. Die Stecher müssen versuchen, mit verlängerten Toilettenpümpeln den jeweils anderen vom Boot zu stoßen. Mittlerweile kommen jedes Jahr rund 500 Zuschauer. Nur dieses Jahr ist der Wettkampf natürlich ausgefallen.

»Wie oft musst du dir eigentlich anhören, dass du hier der Trump bist?«, will ich von Hermann Behrends wissen. In diesem Moment ahnen wir noch nicht, dass wir den fürchterlichen US-Präsidenten in wenigen Monaten endlich los sein werden.

»Ja, das kommt schon mal vor«, sagt er. »Aber natürlich auch nur aus Spaß. Mit so einem will man ja nun wirklich nicht verglichen werden. Und das sieht mein Kollege drüben in Rußland übrigens genauso. Der hat auch nichts mit Putin am Hut.«

Ich bedanke mich bei Hermann und Johnny für den Schnack und mache mich auf den Weg nach Amerika. Im

Weggehen höre ich Johnny noch murmeln: »Ist der Papiermüll eigentlich schon abgeholt worden?« Er hebt den Deckel seiner blauen Tonne an. »Hm, nee.« So ist das wohl manchmal im Niemandsland zwischen den Großmächten.

In Rußland war ich fast ausschließlich in Wohngebieten unterwegs, hinter der Grenze wird es schlagartig ländlich. Weite Felder, einzelne Höfe, eine kleine Au, die ich überquere. Schön finde ich, dass man hier offenbar jeden grüßt, der einem begegnet. Eine junge Frau mit Hund, ein Schuljunge auf dem Fahrrad, ein Mann, der gerade die Hecke seines Vorgartens stutzt – jeder wirft mir ein kurzes »Moin« zu. Gilt der Norddeutsche auch als noch so wortkarg, diese eine Silbe ist immer drin.

Am Ende des Mickenbarger Wegs ist Amerika schon ausgeschildert, nur noch einmal links abbiegen. Nach ein paar hundert Metern erkenne ich das grüne Ortsschild, hinter dem rund 50 Amerikaner wohnen sollen. Einen wirklichen Ort kann ich nicht erkennen, aber der Amerikaplatz sticht mir sofort ins Auge. Es handelt sich um eine grüne Wiese, sagen wir Prärie, auf der es einen Kinderspielplatz gibt, einen Grillplatz, Tische und Bänke sowie eine riesige Holzhütte, auf der der Name »Amerika« prangt. Ein Aushang verrät mir, dass man den Veranstaltungsraum im Inneren der Hütte für private Feiern mieten kann. Ich weiß nicht, warum – aber in diesem Moment schießen mir unweigerlich Bilder der tanzenden *Village People* in den Kopf. Party hard in America!

Am anderen Ende der Prärie sehe ich einen abgebrochenen Totempfahl. Hermann Behrends erzählte mir davon.

Ein Künstler aus der Gegend hatte den Pfahl vor vielen Jahren aus einer echten amerikanischen Douglasie angefertigt. Allerdings sei so ein Baum nicht für das norddeutsche Klima gemacht und der Pfahl deshalb recht bald durch Witterung und Holzwürmer morsch geworden. Den Totempfahl ereilte dasselbe Schicksal wie nun auch Trump: Er wurde von der Bevölkerung aus Sicherheitsgründen entfernt.

Bevor ich mich auf den Rückweg mache, denke ich noch einmal an die Frau vom Frühstück. Ein Spektakel war der Spaziergang nicht, nein. Aber auch keine Enttäuschung. Wie so oft steht und fällt so ein Ausflug mit den Begegnungen, die unterwegs auf einen warten. Es hat mich sehr amüsiert zu sehen, wie viel Spaß Johnny und Hermann haben, mit den Klischees und den offensichtlichen Vorlagen zu spielen. Ich würde es ganz genauso machen, würde ich hier wohnen.

Der größte Gag der Wanderung wartet allerdings erst noch auf mich: Zurück in Friedeburg, lasse ich mir in der Touristinformation für 1,60 Euro eine offizielle Urkunde ausstellen, dass ich wirklich zu Fuß von Rußland nach Amerika gelaufen bin. Wer kann das schon von sich behaupten?

Kalimandscharo

Das Regenschirm-Massaker

So langsam bekomme ich ein Gefühl für die Reise. Ich wusste ja vorher selbst nicht so genau, wie sich dieses Experiment entwickeln würde. Es hätte gut sein können, dass ich mich ziemlich schnell langweile, zum Beispiel weil die Weltorte mit nur ein paar Dutzend Einwohnern oft kleine Ortsteile von eh schon kleinen Orten sind und sich die Möglichkeiten dort recht bald erschöpfen. Aber bisher ist von allem etwas dabei: echte Urlaubsorte an der Ostsee, in denen ich es im Sommer ohne weiteres zwei Wochen aushalten würde. Außergewöhnliche Bauwerke mit internationalem Charakter und eine faszinierende Erlebnisreise um die ganze Welt. Sogar die absoluten Provinznester Rußland und Amerika haben ihre Storys zu erzählen – und dazwischen liegen auf dem Weg kleine, echte und oft ziemlich deutsche Anekdoten. Es ist bisher eine schöne, leise Reise.

Als ich mittags am Magdeburger Hauptbahnhof ankomme, regnet es. Es ist kein strömender Regen, aber so ein gleichmäßiger, von dem man genau weiß, dass er den ganzen Tag

bleiben und einen unaufhörlich Stück für Stück durchnäs-
sen wird. Keine guten Voraussetzungen für mein heutiges
Vorhaben.

Mehr als nötig will ich – aus Gründen – nicht schleppen,
deshalb schließe ich mein Reisegepäck im Bahnhof ein.
Hier stehen noch immer diese Schließfächer, die bis auf die
Preisanzeige (2,50 Euro für 24 Stunden) noch ganz analog
zu funktionieren scheinen. Heißt: Gepäck rein, Geld rein,
Tür zu, Schlüssel umdrehen – und in dem Moment rasseln
die Münzen in den Schließfachbargeldauffangbehälter und
sind weg. Merkt man dann, dass man noch etwas Wichtiges
vergessen hat, muss man nach dem Öffnen erneut Geld ein-
schmeißen. Dachte ich bis heute.

Ich vergesse meine Regenjacke im Gepäck und bereite
mich gerade darauf vor, in den geschilderten sauren Apfel
beißen zu müssen, als ich erleichtert feststelle, dass ich das
Schließfach einfach erneut abschließen kann. Es scheinen
also ein paar Minuten Übergangszeit einprogrammiert zu
sein, weil Menschen nun mal in der Regel dusselig sind.
Danke dafür!

Ich hatte am Tag zuvor mit den Mitarbeitern meines heutigen Ziels Kontakt aufgenommen, weil die Wettervorher-
sage so bescheiden war und ich fragen wollte, ob es sich loh-
nen würde, mich auf den Weg zu machen. Die Rückmeldung
lautete: »Wir gehen im Moment davon aus, dass die Besteigung wie geplant stattfinden kann. Aber bei strömendem
Regen gehen wir nicht rauf. Ob Sie wirklich kommen wollen, müssen Sie selbst entscheiden. Glück auf!«

Ich entschied mich, es einfach darauf ankommen zu lassen, und setzte mich in den Zug nach Magdeburg. Nun spuckt mich die S-Bahn 20 Minuten nördlich der Landeshauptstadt in Zielitz aus, erneut fällt Regen auf meinen Kopf. Von der Überdachung des Bahnsteigs steht nur noch das Stahlgerüst. Das einstige Wellblech, das ich an anderer Stelle noch erkennen kann, gibt es hier längst nicht mehr. Die Wände sind voll mit Graffiti, Gras wächst aus den Pflasterritzen. Ein typischer *Lost Place*, und ich bin überrascht, dass hier überhaupt noch eine S-Bahn hält. Ich bin der Einzige, der aussteigt, niemand steigt ein. Warum auch? Hier ist scheinbar nichts.

Als die S-Bahn weiterfährt, gibt sie den Blick auf die andere Seite des Bahnsteigs frei, und ich erkenne, dass ich doch nicht ganz im Nirgendwo bin. Eine riesige Industrieanlage ragt dort auf, ich sehe Förderbänder und Fördertürme – auf einem der Türme steht K+S. Jetzt weiß ich, dass ich richtig bin.

Galileo hat eine Rubrik, die sich »X-Days« nennt und in der ich regelmäßig Berufe ausprobiere, die für den Zuschauer oft unsichtbar, aber für sein Leben durchaus relevant sind. So bin ich vor anderthalb Jahren schon mal mit der Firma K+S in Berührung gekommen. Am Standort Werra an der hessisch-thüringischen Grenze durfte ich für drei Tage 500 Meter unter der Erde arbeiten, um den Beruf des Bergmanns kennenzulernen. Die Buchstaben stehen für *Kali* und *Salz*, das Bergbauunternehmen ist der größte Salzproduzent der Welt.

Der Kalimandscharo ist ein riesiger künstlicher Berg nördlich von Zielitz. Eine Halde, auf der Millionen Tonnen

Steinsalz abgeladen werden, die die Bergleute aus dem Bergwerk fördern, die aber für die Produktion von Salz für Dünge- und Lebensmittel oder Industriesalz nicht brauchbar sind. Den Kalimandscharo kann man in den Sommermonaten im Rahmen von geführten Touren besteigen.

Mein Plan ist es, zu Fuß bis zum Treffpunkt für die Tour zu laufen. Laut Google Maps brauche ich für den Weg etwa eine Stunde. Keine idealen Wetterbedingungen für so einen Spaziergang, aber durchaus machbar, bilde ich mir ein. Immerhin bin ich mit genügend Zeit angereist. Ich laufe über den Parkplatz des Werks. Es scheint gerade Schichtwechsel zu sein, mir kommen einige Kumpel entgegen.

»Glück auf!«, sage ich freundlich, weil ich mich vom Dreh daran erinnere, dass man sich auf dem Gelände grundsätzlich den deutschen Bergmannsgruß zuruft. Egal, ob man sich kennt oder nicht.

»Auf!«, erwidern die Entgegenkommenden knapp. Das ist die übliche Kurzform des Grußes. So wie LG am Ende einer Mail, weil es wirklich gerade zu viel Zeit kosten würde »Liebe Grüße« noch auszuschreiben. Augenverdrehsmiley.

Der Weg, den Google mir zum Kalimandscharo anzeigt, führt direkt übers Werksgelände. Das Problem hierbei: Das ist kein öffentlicher Weg, der Zugang wird durch eine Schranke und das Vorzeigen eines Dienstausweises reguliert. Hm, was nun?

In einem Glaskasten an der Schranke sitzen zwei Männer, der eine stämmig mit dunklen Haaren, der andere drahtig mit Glatze. Letzterer öffnet die Sprechluke, als ich mich nähere.

»Glück auf, wie komme ich denn zu Fuß zum Kalimandscharo?«, frage ich.

»Zu Fuß?«, ruft der Dunkelhaarige von hinten. »Das ist zu weit. Haben Sie kein Auto dabei?«

»Nein, ich bin mit der S-Bahn gekommen.« Die beiden gucken sich an und können ein Glucksen nicht unterdrücken.

»Moment«, sagt der Dunkelhaarige grinsend und greift zum Telefon. »Ja, hallo. Glück auf! Die Wache hier. Findet heute die Haldentour statt? Hier steht ein junger Mann, der mich gerade fragt, wie man zu Fuß dahin kommt.«

Wieder muss er lachen, die Person am anderen Ende offenbar auch.

»Ah. Okay. Alles klar. Danke. Glück auf!« Der Mann legt auf. »Also, passen Sie auf: Da war Herr Schön am Apparat, der heute für die Besteigung zuständig ist. Er geht nicht davon aus, dass bei dem Wetter Besucher kommen werden. Aber in einer Viertelstunde wird er mit dem Auto hier sein und die Lage mit Ihnen besprechen.«

Ich bedanke mich für die Hilfe und setze mich auf eine Bank, die unter einem Vorsprung im Halbtrockenen steht. Was für eine grandiose Fehleinschätzung der Gesamtsituation meinerseits.

Vor etwa einem Jahr war ich für einen anderen Dreh zur Baumwollernte in Tansania. Auf dem Weg dorthin mussten wir eine Zwischenlandung am Kilimanjaro International Airport einlegen. Der mit knapp 6000 Metern höchste Berg Afrikas hat also einen eigenen Flughafen. Da kann ja keiner ahnen, dass es ein Ding der Unmöglichkeit ist, zu einem Hügel in Deutschland zu spazieren, der gerade mal drei Kilometer von der nächsten S-Bahn-Station entfernt liegt.

Weitere Kumpel kommen vom Werksgelände, als unweit meiner Bank ein Auto hält. Ein Mann steigt aus und ruft mir zu: »Wollten Sie zu Fuß zum Kalimandscharo?« Nicht so laut, denke ich. Was sollen denn die anderen denken.

Wolfgang Schön stellt sich vor und bestätigt mir noch einmal, dass es völlig undenkbar ist, zu Fuß bis zur Halde zu laufen. Wir steigen in sein Auto und fahren los.

»Ich nehme Sie mit zum Treffpunkt für die Besteigung«, sagt er. »Aber gehen Sie nicht davon aus, dass wir heute raufgehen. Bei dem Wetter ist es da oben wirklich ungemütlich. Was führt Sie überhaupt hierher?«

Ich erzähle von meiner Reise, während wir um das Werk herumfahren – durch Wälder und Wiesen, über Stichstraßen und Schleichwege.

»Wissen Sie was«, sagt Herr Schön nach einem Moment der Stille. »Wir machen es so: Ich werde mit Ihnen heute auf jeden Fall hochgehen. Es wäre ja wirklich schade, wenn Sie völlig umsonst angereist wären. Haben Sie einen Regenschirm dabei?« Ich traue mich kaum zu antworten, weil die Antwort natürlich *Nein* lautet. Was für ein unglaublich dilettantischer Auftritt bisher!

An der nächsten Kreuzung steht eines dieser braunen Schilder mit weißem Rand, die in Deutschland touristische Sehenswürdigkeiten ankündigen. Darauf steht »Kalimandscharo«. Dahinter erspähe ich durch die Bäume zum ersten Mal den weißbraunen Berg. Wir fahren unter einer blauen Förderanlage durch und kommen am Parkplatz der Halde an. Wolfgang Schön staunt nicht schlecht, als er dort wirklich eine Handvoll Menschen sieht, die offenbar auch auf den Kalimandscharo wollen. Er drückt mir einen roten Regenschirm in die Hand, den er aus seinem Kofferraum holt. Ich glaube, da sind inzwischen leicht väterliche Gefühle mit im Spiel.

»Glück auf, mein Name ist Wolfgang Schön«, beginnt er die Tour. »Ich war mehr als vierzig Jahre unter Tage tätig. Jetzt bin ich Rentner und ehrenamtlicher Bergführer hier am Kalimandscharo.«

Vor 250 Millionen Jahren habe es rund um das heutige Bergwerk ein flaches und salziges Binnenmeer gegeben, erzählt er. Durch die Sonneneinstrahlung sei das Wasser verdunstet und habe eine Mächtigkeit von 300 Metern Salz hinterlassen, die heute unter einer 400 Meter dicken Erdschicht liegen.

»Pro Tag werden hier 42000 Tonnen Salz gefördert – und weil wir nicht alles verwenden können, was wir aus der Erde holen, gibt es zwei Abraumhalden, auf denen wir das Steinsalz abladen.«

Halde 2, die wir heute besteigen wollen, besteht aus 275 Millionen Tonnen Salz, die auf einer Fläche von 164 Hektar liegen und inzwischen 120 Meter hoch in den Himmel ragen. Ich werde mich selbstverständlich hüten, Vergleiche mit dem namensähnlichen Afrikaner anzustellen. Von der Größe der Halde bin ich trotzdem beeindruckt, als wir vom Parkplatz loslaufen und erstmalig am Fuße des Kalimandscharo entlangwandern – vor allem aufgrund der Tatsache, dass dieser Berg menschengemacht ist. Entlang der Strecke führt ein scheinbar unendlich langes blaues Förderband, über das unentwegt Salz den Berg hochtransportiert wird. Der Kalimandscharo wächst täglich weiter.

Inzwischen ist der Regen strömend. Als ich den ersten Fuß auf Salz setze, sind meine Schuhe und Socken schon komplett durchnässt, im Inneren quietschtquatscht es. Auch die Jeans klebt bereits an meinem Bein. Immerhin: Die Regenjacke hält dicht, und auch der Regenschirm war eine sehr gute Idee.

Wir laufen auf einem breiten Weg, der für die übergroßen Haldenfahrzeuge geschaffen wurde, die hier tagtäglich hoch- und runterfahren. Alle paar hundert Meter macht der Weg eine 180-Grad-Biegung, sodass wir den Berg im Zickzack besteigen. Der Aufstieg ist trotz 16-prozentiger Steigung nicht wahnsinnig anstrengend, aber mit jedem Schritt nach oben steigt die Windanfälligkeit. Bei etwa 100 Metern Höhe klappen bei den ersten die Regenschirme um, viele von ihnen werden den heutigen Tag nicht überleben. Also von den Regenschirmen. Ab und zu drehe ich mein Gesicht Richtung Wind und Regen und sehe grüne dampfende Wälder, die unter uns liegen. Wende ich mich Richtung Berg, hat die Umgebung etwas von einer unwirtlichen Marslandschaft. Alles braun und karg. Wenn man sich die ganzen Fördergeräte wegdenkt, könnte man schon glauben, dass wir irgendwo weit oben auf einem Berg sind, auf dem es keine Vegetation mehr gibt.

Wir können uns kaum noch unterhalten, so sehr pfeift der Wind in den Ohren und klatscht der Regen ins Gesicht. Ich versuche es trotzdem.

»Wissen Sie, woher der Name kommt? Wer hat sich den ausgedacht?«, frage ich Herrn Schön.

»Der war einfach irgendwann da«, antwortet er. »Er muss aus der Bevölkerung gekommen sein, als die Halde langsam Ähnlichkeit mit dem Kilimandscharo angenommen hat. Bei unserem anderen Standort am Werk Werra gibt es einen weiteren Berg, der wird Monte Kali genannt.«

Humor scheinen die Menschen rund ums Salzbergwerk auf jeden Fall zu haben. Aber auch wenn die Kaliberge optisch sehr interessant sind, so ganz ohne sind sie nicht. Fürs Ökosystem stellen sie ein Problem dar, weil Regen das Salz vom Berg abwäscht und damit die Böden und das Grundwasser in der Umgebung belastet werden. Auch unser Bergführer ist sich dieses Problems bewusst.

»Hier in Zielitz gibt es noch Salz für mehr als dreißig weitere Jahre Bergbau. Wenn Halde 2 bald voll ist, müssen wir dahinter die nächste Halde mit weiteren 200 Hektar beginnen. Die wird noch größer.«

»Aber an der Stelle steht ja Wald«, stelle ich fest.

»Ja, der muss dann gerodet werden«, sagt Herr Schön. »Wir haben aber die Auflage, für jeden gefällten Baum woanders zwei neue zu pflanzen.« Ich bin mir nicht sicher, ob diese Rechnung dem Ökosystem hier vor Ort hilft, aber als Gewissensberuhigung ist der Deal vielleicht okay.

Einen echten Gipfel hat der Kalimandscharo übrigens nicht. Es handelt sich vielmehr um eine Hochebene, die ich während der letzten Aufstiegsmeter bereits sehen kann. Ich bin einer der letzten Wanderer mit heilem Regenschirm, die anderen nutzen ihre geköpften Gefährten höchstens noch als Wanderstock. Inzwischen sind wir richtig weit oben – so hoch wie sonst nichts in der Umgebung. Unter uns liegen Europas größtes zusammenhängendes Lindenwaldgebiet, die deutlich kleinere Halde 1 mit etwa 70 Metern Höhe sowie die Schornsteine und Fördertürme des K+S-Werks. Bei schönem Wetter soll man sogar bis zum rund 100 Kilometer entfernten Brocken schauen können, dem höchsten Berg im Harz. Schönes Wetter, sehr witzig.

Dann ist der Moment gekommen, dem ich seit einer Stunde entgegenlaufe. Die schräge Haldenauffahrt endet, und ich setze den ersten Schritt auf das flache Plateau. Ich bin jetzt ganz oben und traue meinen Augen nicht, wie riesig die Hochebene des Kalimandscharo tatsächlich ist. Durch die tief hängenden dichten Wolken ist nicht zu sehen, wie weit sie sich erstreckt. Es gibt scheinbar kein Ende. Fast ein bisschen unwirklich, dieser Moment, und ich habe das Gefühl, dass es gerade wegen des miserablen Wetters so wirkt. Vielleicht fühlt sich deshalb alles wirklich wie eine Errungenschaft an. Ich nehme mit meinem Handy ein Video auf, reiße die Arme in die Höhe und rufe: »Ich bin auf dem Kalimandscharo!« Die verständnislosen Blicke der Gruppe geben mir jedoch klar zu verstehen, dass ich ein klein wenig übertreibe. Die Quittung: In dem Moment klappt auch mein Schirm um, gleichzeitig bricht der Stiel in zwei Teile.

Jetzt bin ich der unbarmherzigen Natur endgültig schutzlos ausgeliefert. Ich lasse mich noch ein paarmal Richtung Sturm fallen, der meinen Körper ohne Probleme trägt. Alles an mir ist klitschnass, und das war mir noch nie so egal. Es ist ein Augenblick größter Euphorie. Kurz bevor ich schwach werde und meinen Spaziergang doch noch mit dem einwöchigen und unglaublich kräftezehrenden Aufstieg auf Afrikas höchsten Berg vergleiche, sagt Wolfgang Schön: »Also, viel anstrengender als unsere heutige Wanderung kann die Besteigung des Kilimandscharo auch nicht sein.« Die Gruppe lacht, und ich bin erleichtert, dass nicht ich das gesagt habe.

Wäre dies ein Hollywoodfilm, würde das Bild an dieser Stelle mit der Heldenpose des Hauptdarstellers ausfaden und begleitet von heroischer Musik der Abspann beginnen. Was dabei aber keiner bedenkt: So geht eine Geschichte in echt nie zu Ende. Die Wirklichkeit ist an so einer Stelle ja nicht einfach vorbei. Im Gegenteil: Wenn der Superheld, nachdem er die Welt von außerirdischen Kreaturen befreit hat, sein Happy End feiert, denkt niemand daran, dass er sich anschließend wie jeder normale Mensch auch wieder ins Auto setzen muss – und zwar am besten ohne seine Sitze mit dem Alienschleim zu beschmieren, der überall an ihm klebt. Da hat ihn der Alltag schneller wieder, als ihm lieb ist. Oder ein Musiker, der eben noch von 10000 Menschen bejubelt wurde, nachdem er als letzten Song der Zugabe endlich seinen größten Hit gespielt hat. Da kann sich auch keiner vorstellen, dass er nur wenige Minuten später wieder traurig und alleine in seiner Garderobe sitzt und sich lieber noch eine Line Koks reinzieht, damit dieses euphorische Gefühl wenigstens noch einen Augenblick anhält.

Genau so geht es auch mir in diesem Moment – nur ohne Koks und Alienschleim. Ich war bereit, alles für diesen einen Moment zu geben, hier oben auf dem Kalimandscharo zu stehen, der höchsten Erhebung zwischen Magdeburg und Ostsee. Nur: Als ich mein Ziel erreicht habe und mich aus meiner Siegerpose auf der hellbraunen Hochebene löse, hören Sturm und Regen leider nicht einfach auf. Viel mehr spüre ich erst jetzt die volle Wucht von beidem. Inzwischen ist auch meine Regenjacke durchweicht, der Regenschirm eh zu nichts mehr zu gebrauchen, und in alle Öffnungen läuft erbarmungslos Wasser rein. Wir sind seit anderthalb Stunden im strömenden Regen unterwegs, und jetzt kann es mir gar nicht schnell genug gehen, von diesem Berg herunterzukommen.

Ich laufe stumm neben Herrn Schön her, dem es vermutlich ähnlich geht. Er lässt es sich nur nicht anmerken. Wir sprechen nicht viel, nur einmal sagt er knapp: »Nach der warmen Dusche heute Abend ist alles vergessen, glaub mir.« Leider wird es noch etwa zwei Stunden dauern, bis ich in meinem Hotel in Halberstadt ankommen werde.

Als wir wieder unten sind, sage ich: »Es tut mir leid. Ich schulde Ihnen einen Regenschirm.«

»Mach dir keine Sorgen, den gab's für drei Euro bei Rossmann. Komm, ich fahr dich zur S-Bahn.«

Was für ein unglaublich feiner Kerl!

Die Errungenschaft dieses Tages ist nicht, den Kalimandscharo erklommen zu haben. Natürlich nicht. Das war ein Spaziergang, der aufgrund von schlechtem Timing etwas unangenehm wurde. Ein Mikroabenteuer, mehr nicht. Die eigentlich wertvolle Erkenntnis des Tages ist eine andere: Sich jeden Tag aufs Neue auf unbekannte Situationen einlassen zu müssen ist für mich einer der spannendsten Aspekte am Reisen. Dabei gibt es logischerweise immer wieder Momente, auf die man nicht vorbereitet ist. So wie heute. Dann ist man auf Hilfe angewiesen. Dieser Tag hätte auch so verlaufen können: Am Werkseingang hilft mir niemand, ich bahne mir den Weg durch die Wildnis zum Treffpunkt auf eigene Faust, um dort vom Regen durchnässt festzustellen, dass bei schlechtem Wetter gar keine Tour stattfindet. Stattdessen bin ich freundlichen und hilfsbereiten Menschen begegnet. Auch Wolfgang Schön war heute nicht auf jemanden wie mich vorbereitet, hat sich aber von dem Vorhaben dieses Fremden und einer möglicherweise naiven Euphorie anstecken lassen. Weil er sensibel und aufgeschlossen genug ist, hat er gemerkt, dass mein Plan ohne ihn nicht funktionieren würde. So hat Wolfgang mir mit einigen großen Kleinigkeiten durch diesen Tag geholfen.

Als ich am Bahnhof aussteige, sagt er zum Abschied: »Gute Reise weiterhin – und schreib was Nettes in deinem Buch.«

Ich wüsste gar nicht, was ich anderes tun sollte.

Mittelerde

liegt im Harz

Es war zu erwarten, dass auch der restliche Tag nach dem Salzberg kein Zuckerschlecken mehr werden sollte: In der S-Bahn zurück nach Magdeburg blieb ich lieber stehen, weil Sitzen mit einer durchtränkten, kalten Jeans keine Option war. Auf dem Bahnhofsklo konnte ich mir endlich trockene Klamotten anziehen, um dann eine halbe Stunde bei strammem Wind auf den verspäteten Regionalexpress nach Halberstadt zu warten. Gegen 21 Uhr kam ich endlich im Hotel an und war nach der langersehnten heißen Dusche zu platt, um mir noch ein internationales Restaurant zu suchen. Also wählte ich die Nummer des örtlichen Lieferdienstes und ließ mir eine Pizza bringen, auf deren Karton »Bella Italia« stand. Ich lasse das gelten.

Beim Frühstück am nächsten Morgen komme ich mit dem Hotelchef ins Gespräch.

»Es war hart«, berichtet er von den vergangenen Monaten des ersten Lockdowns. »Aber ich habe es geschafft, alle meine Mitarbeiter zu halten. Das war mein oberstes Ziel.«

Abgesehen von den finanziellen Einbußen, habe er die Zeit sogar als positiv empfunden: »Nach dreißig Jahren, die ich dieses Hotel führe, konnte ich morgens endlich mal in Ruhe mit meiner Frau frühstücken oder abends mit ihr einen Film gucken. Das hat es bei uns vorher nie gegeben.«

Ich stelle fest, dass ich wirklich überhaupt keine Ahnung davon habe, was es bedeutet, ein Hotel oder Restaurant zu führen, das einen quasi rund um die Uhr in Beschlag nimmt.

Halberstadt in Sachsen-Anhalt liegt im Harzvorland, nordöstlich von Norddeutschlands höchstem Gebirge, und wird deshalb auch *Tor zum Harz* genannt. Die größte Sehenswürdigkeit der Stadt ist der Dom Sankt Stephanus und Sankt Sixtus, eine der schönsten gotischen Kathedralen Deutschlands, sagt man. Noch bedeutender ist nur der darin gehütete Domschatz, die größte mittelalterliche Sammlung von Kirchenschätzen weltweit. Sie besteht aus wertvollen Altären und Messgewändern, vergoldeten priesterlichen Wärmekugeln, Teppichen aus dem 12. Jahrhundert und sogar einem kleinen Holzstück von Jesu Kreuz.

Abgesehen davon nehme ich Halberstadt als eher unspannend wahr. Aber: Nur zehn Zugminuten südöstlich befindet sich Mittelerde, das Zuhause der Hobbits aus *Der Herr der Ringe*. Also, na ja ... Eigentlich liegt dort nur die kleine Gemeinde Langenstein, aber die hat es in sich. Zwischen den niedlichen, auf Hügeln gebauten Fachwerkhäusern befinden sich zwölf echte Höhlenwohnungen. Während die meisten Orte, die ich bisher besucht habe, mit der Verbundenheit mit ihren großen Namensgebern spielen, ist es in

Langenstein anders. Für die Langensteiner sind die Hobbit-höhlen von Tolkien nichts weiter als ausgedachte Fantasie-behausungen von kleinwüchsigen Gnomen mit haarigen Fü-ßen. Denn in diesen Höhlenwohnungen haben über fünfzig Jahre lang wirklich Menschen gelebt. Das hier ist das Origi-nal.

Es ist Vormittag, als ich auf dem Schäferberg ankomme, wo sich der größte Teil der Wohnungen befinden soll. Ein paar Felsen mit eingebauten Eingangstüren entdecke ich gleich. Außer mir ist nur ein älterer Herr unterwegs.

»Schauen Sie sich ruhig um«, sagt er freundlich. »Die Türen sind geöffnet.«

Es stellt sich heraus, dass der Mann Mitglied in dem Ver-ein ist, der sich ehrenamtlich um die Pflege der Höhlenwoh-nungen kümmert. Sein Name ist Siegfried Schwalbe.

»Warten Sie«, sagt er. »Wenn Sie wollen, zeige ich Ihnen die Höhlen.« Er stößt die Tür auf, vor der ich gerade stehe, und ich staune nicht schlecht. Dahinter zeigt sich eine nied-rige, vielleicht 30 Quadratmeter große Dreizimmerwoh-nung, komplett in den Stein gehauen. In der Mitte führt eine Art Flur zum Ofen, der sich im hinteren Teil der Wohnung befindet. Rechts geht es ins Schlafzimmer, links liegt das Esszimmer. Hier und da sind kleine Schlafnischen in den Stein gehauen, es musste offenbar jeder Platz genutzt wer-den.

»Das alles begann in den 1850er-Jahren«, fängt Siegfried Schwalbe an zu erzählen. »Ein Langensteiner Gutshof nahm damals neue Arbeiter auf, konnte aber nicht für deren Un-terbringung sorgen. So kam man auf die Idee, Teile der Felsen, von denen es hier im Ort reichlich gibt, auszuhöhlen und neuen Wohnraum zu schaffen.« Ungefähr ein Jahr dauerten die Meißelarbeiten, die die Familien neben ihrer Arbeit auf dem Gut selbst verrichten mussten. Dafür bekamen sie im Gegenzug von der Stadt Halberstadt lebenslanges Wohnrecht in den Höhlen. Unvorstellbar, dass hier wirklich ganze Familien gehaust haben.

»Vieles haben wir originalgetreu wiederherrichten können, aber natürlich sieht heute alles noch ein Stück wohnlicher aus, als es vermutlich damals war«, sagt Siegfried Schwalbe. Die Betten zum Beispiel seien einfache Holzkästen mit Strohsäcken als Matratzen gewesen. »Die Menschen haben sich damals aber einige sehr kluge Gedanken gemacht.«

Siegfried Schwalbe zeigt auf die Feuerstelle. »Man wusste zum Beispiel, dass man auf Türen verzichten sollte, damit das Feuer die ganze Höhle wärmen konnte. Und schauen Sie mal nach oben.«

Ich drehe meinen Kopf zur Decke und gucke direkt in ein Lüftungsloch.

»Man hat den Abzug ganz bewusst nicht direkt über den Ofen in den Fels gehauen, sondern etwas schräg versetzt, weil einsetzender Regen sonst regelmäßig das Feuer gelöscht hätte.« Für eine Höhlenwohnung, die mir nach wie vor wie eine absolute Notunterkunft vorkommt, tatsächlich ganz schön durchdacht.

Wir gehen zurück ans Tageslicht und laufen über den Schäferberg. Inzwischen sind einige weitere Besucher aufgetaucht und schauen sich um. Siegfried Schwalbe begrüßt je-

den einzelnen und bietet seine Hilfe an, sollten Fragen auf-
tauchen. Aber auch ohne konkrete Frage fängt er an zu erzählen: dass man sich damals auf den Dächern zum Beispiel
Schafe und Ziegen hielt, die alles abgrasen sollten, damit
kein Wurzelwuchs das Dach zerstörte. Dass die Wohnungen bis etwa 1910 bewohnt waren und anschließend viele
Jahrzehnte nur noch als Kellerräume oder Mülldeponien genutzt wurden. Oder dass die Bewohner der meisten Wohnungen unbekannt sind, es aber über die Höhle von Lothar
Schmidt genaue Aufzeichnungen und sogar Fotos gibt. Er
war Drehorgelspieler, was ihm aber nicht genügend Geld
einbrachte. Deshalb musste er zusätzlich auf dem Gutshof
arbeiten. Nach Feierabend hat er hier auf dem Schäferberg
oft seine Drehorgel herausgeholt, und dann haben alle
Nachbarn auf der Straße getanzt. »Das war die ›Langensteiner Disco‹«, sagt Siegfried Schwalbe lachend. Man spürt
ganz deutlich, wie gerne er die Geschichten über die Höhlenwohnungen erzählt.

Ich gehe durch ein hölzernes Gartentor. Dahinter befindet sich eine richtige Höhlensiedlung, eine Wohnung liegt
neben der anderen. Die Vorgärten sind mit kleinen Zäunen
voneinander getrennt, hier und da blühen bunte Blumen, an
den Zäunen hängen Kochtöpfe zum Trocknen – so als wären
die Bewohner nur mal kurz einkaufen gegangen. Und während ich hier so umherschlendere, erwischt mich ein hefti-
ges Déjà-vu.

Für mein letztes Buch war ich unter anderem in Neuseeland am Drehort der Tolkien-Filme, und die Ähnlichkeit ist
– bei allen offensichtlichen Unterschieden der Orte – wirk-

lich verblüffend. Das hügelige Farmland, das sich Regisseur Peter Jackson einst als Heimatort der Hobbits ausguckt hat, ist heute eine der größten Touristenattraktionen Neuseelands. Man hat die Höhlen mit ihren bunten, kreisrunden Türen auch nach den Dreharbeiten erhalten und gibt den Fans der Saga so die Möglichkeit, auf den Spuren von Gandalf, Frodo und Bilbo Beutlin zu wandeln.

Inzwischen sind noch mehr Besucher eingetroffen, die Langensteiner Höhlenwohnungen scheinen ein echter Besuchermagnet zu sein.

»Wie kam es eigentlich dazu, dass Sie sich um die Höhlen kümmern?«, frage ich Siegfried Schwalbe, der wieder neben mir steht.

»Wir haben 1990 mit der Pflege angefangen«, antwortet er. »Sie können sich nicht vorstellen, was das für eine Arbeit war. Die Höhlen waren voll mit Schutt.« Irgendwann habe der örtliche Kindergarten angefragt, ob man für die Kinder nicht eine der Wohnungen wieder so herrichten könne, wie sie einst aussahen. Gesagt, getan. »Der eigentliche Clou aber war, dass wir als Schmankerl für die Kinder Höhleneierkuchen zubereiteten. Das war der Anfang von allem.«

Das Fernsehen bekam Wind davon und schickte Johann Lafer vorbei, der in den Höhlen medienwirksam Pfannkuchen machte.

»Am nächsten Tag hatten wir über hundert Besucher auf der Matte stehen, die alle unsere Höhleneierkuchen probieren wollten«, erzählt Siegfried Schwalbe stolz. »Und dann kam auch noch die Schauspielerin Wolke Hegenbarth vorbei, um hier eine Folge von *Alles Klara* zu drehen. Das waren schon aufregende Zeiten.«

Auf meine Frage, ob er sich eigentlich mal *Der Herr der Ringe* angeschaut habe, antwortet Siegfried Schwalbe schmunzelnd: »Nein, ich habe es anders gemacht. Ich bin direkt hingereist und habe mir die Höhlen in Neuseeland live angesehen. Das war eine tolle Reise!«

»Schade, dass in Hobbingen alles nur Fassade ist«, sage ich. »Dort gibt es hinter den Türen nur leere, dunkle Erdlöcher.«

Siegfried Schwalbe lacht: »Ja, das volle Programm gibt's nur bei uns.«

Es kann eben nur ein Original geben.

San Francisco

liegt am Rhein

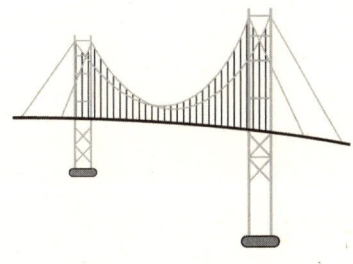

»If you're going to San Francisco,
be sure to wear some flowers in your hair.«

Scott McKenzie – »San Francisco«

Wäre ich mit dem Auto unterwegs, könnte ich auf meiner heutigen Strecke in den Westen unter anderem in Ägypten haltmachen. Der Ortsteil gehört zur Gemeinde Neuenkirchen im Osnabrücker Land und soll früher mal ein Umschlagplatz von räuberischen Landstreichern gewesen sein, die man im Volksmund »Egypter« nannte. Vermutlich ist es häufiger so, dass solche historischen Namensentwicklungen einen eher diskriminierenden Ursprung haben. Dass man den angeblich rauen Bauern in Friedeburg »Russe« genannt haben soll, ist ja nun auch nicht gerade schmeichelhaft für den gemeinen Ostslawen. Unabhängig von dieser Vermutung ist Niedersachsen aber reich an solchen Ortschaften: Es gibt Jerusalem in der Lüneburger Heide, gleich zweimal Texas, noch ein weiteres Russland, und sogar vier Kameruns. Vielleicht werde ich den einen oder anderen Ort ja später noch besuchen.

Auf dieser Etappe wollte ich eigentlich einen Abstecher zu den Tamilen nach Sri Lanka machen. Sie haben sich im westfälischen Hamm ein sehr beeindruckendes und für seine Umgebung erstaunlich buntes Gebäude errichtet.

In den 1980er-Jahren kamen vermehrt Tamilen nach

Deutschland, nachdem sich in Sri Lanka der Konflikt zwischen der singhalesischen Mehrheit und der tamilischen Minderheit verschärft hatte. Einige Tausend fanden in Hamm eine neue Heimat und gründeten dort die Hinduistische Gemeinde Deutschland. 2002 wurde der Sri-Kamadchi-Ampal-Tempel eingeweiht, er ist seither der zweitgrößte hinduistische Tempel in Europa. Jeder, der möchte, darf den täglichen Gottesdiensten beiwohnen. Sie sollen laut und bunt und faszinierend sein. Das hätte ich mir sehr gerne angesehen, vor allem weil der farbenfrohe Tempel mit seinem 17 Meter hohen Tempelturm in einem ansonsten sehr grauen und zweckmäßigen Industriegebiet stehen soll. Leider gilt Hamm zum Zeitpunkt dieser Reise neben Berlin als eine der ersten Regionen in Deutschland wieder als Risikogebiet mit mehr als 50 Corona-Neuinfektionen pro 100000 Einwohnern in den letzten sieben Tagen. Deshalb muss ich diesen Stopp leider überspringen.

Es gibt in Nordrhein-Westfalen zum Glück genügend Ausweichmöglichkeiten, die in den nächsten Tagen alles, was wir in Erdkunde gelernt haben, auf den Kopf stellen werden. Alpen und Südsee beispielsweise benutzt man in der Regel nicht in ein und demselben geografischen Zusammenhang. Am Niederrhein liegen sie allerdings fast unmittelbar nebeneinander – das werde ich mir mal genauer anschauen. Erst einmal aber lasse ich beide links liegen und fahre bis zu einem der westlichsten Zipfel Deutschlands, kurz vor den Niederlanden.

Im Regionalexpress ins holländische Arnheim werde ich

bereits zweisprachig über die nächsten Stationen infor-
miert. In Emmerich am Rhein, der vorletzten Station vor
der Grenze, steige ich aus. Gerade noch rechtzeitig, bevor
das hier wirklich eine internationale Reise geworden wäre.
Nicht auszudenken!

Wieso ich Emmerich mit San Francisco in Verbindung
bringe, wird auf den ersten Blick nicht klar. Der Weg vom
Bahnhof Richtung Rheinufer ist unspektakulär, die Fußgängerzone der 30000-Einwohner-Stadt farblos. Außer den üb-
lichen Großketten gibt es hier in den Läden vor allem eines:
Leerstand. Die bekannteste Marke, die Emmerich hervorgebracht hat, ist *Katjes*. Neben dem Produktionswerk außerhalb des Stadtzentrums gibt es an der Rheinpromenade einen *Katjes*-Flagshipstore, der mir gleich ins Auge fällt.

Überhaupt ist die Uferzeile ungleich netter gestaltet als
das, was ich davor von Emmerich gesehen habe. Die Promenade ist aufgeräumt und gepflegt, die grünen Hecken sind
akkurat geschnitten, kleine Fontänen und Springbrunnen
plätschern vor sich hin. Am Pier liegt ein Schiff der Nieder-
rheinflotte, mit dem man Rundfahrten über Deutschlands
längsten Fluss unternehmen kann. Die Cafés haben Strand-
körbe mit Rheinblick, sie heißen *Onder de Poort* und *Hof von
Holland* und lassen mich fast denken, dass ich doch nicht
rechtzeitig aus dem Zug gestiegen bin. Auch die allermeisten Passanten, die mir entgegenkommen, sprechen Hollän-
disch. Internationales Flair vom Feinsten.

Schaue ich aufs Wasser und drehe meinen Kopf nach
rechts, wo der Rhein langsam zum längsten Fluss der Niederlande wird, sehe ich in der Ferne das Bauwerk, wegen

dem ich hierhergekommen bin und das mich zum Titel dieses Buches inspiriert hat. Während der Vorbereitungen auf die Reise stieß ich auf die Rheinbrücke Emmerich und traute meinen Augen nicht. Ich hatte noch nie zuvor von ihr, geschweige denn von ihrer Ähnlichkeit zu einem meiner absoluten Sehnsuchtsorte gehört. Die Rheinbrücke Emmerich sieht aus wie San Franciscos Golden Gate Bridge.

Nach gut dreijähriger Bauzeit wurde sie 1965 für den Verkehr geöffnet und verbindet das rechtsrheinische Emmerich mit dem linksrheinischen Kleve. Sie kann sogar ein Superlativ für sich verbuchen: Mit 803 Metern ist die Rheinbrücke Emmerich Deutschlands längste Hängebrücke. Die 2737 Meter der Golden Gate Bridge erreicht sie damit zwar nicht, aber natürlich stand nach meiner Recherche sofort fest, dass Emmerich auf meine Route gehört.

Zwischen Promenade und Brücke gewinnt kurzzeitig hässlicher Industriecharme die optische Oberhand. Hier ist ein Chemiewerk ansässig, und das riecht man auch. Aber kurz dahinter ist der Blick auf die Rheinbrücke wieder frei. Bei näherem Betrachten erkenne ich, dass ihre linke Seite zurzeit eingerüstet ist. Die Brücke wird seit 2019 saniert. Stahlseile werden ausgetauscht, die Fahrbahn erneuert und das markante Rot, das im Moment höchstens noch ein blasses Schweinchenrosa ist, mit Abermillionen Pinselstrichen wieder aufgepeppt.

Ich laufe unter der Brücke hindurch, um die gerüstfreie rechte Seite zu Gesicht zu bekommen. Dabei lande ich auf einem Sandparkplatz, der auf mich irgendwie seltsam wirkt. Hier parken vier Autos, am Steuer nur Männer. Alle haben den Kopf nach unten gesenkt, vermutlich weil sie auf ihre Handys schauen. Als einer von ihnen mich bemerkt, folgt sein Blick meinen Bewegungen Richtung Brücke. Ich schieße ein paar Fotos und versuche, den Mann so gut es geht zu ignorieren. Vielleicht ist das hier ein Dealerparkplatz? Die Nähe zu den Niederlanden würde es erklären.

Der graue Himmel reißt auf, und der Blick auf die rote Brücke ist superschön. Wegen der merkwürdigen Stimmung verziehe ich mich trotzdem umgehend wieder. Was genau es mit diesem Ort auf sich hat, werde ich erst morgen erfahren.

Nachdem ich meine Kindheit und Jugend ausschließlich mit Urlauben in Europa verbracht hatte, habe ich 2008 im Alter von 24 Jahren meine erste Langstreckenreise gemacht. Vier Wochen USA sollten die Erfüllung all meiner Lebensträume bringen: in New York aufs Empire State Building steigen und stundenlang durch den Central Park spazieren, einmal den Grand Canyon sehen, den kolossalen Wahnsinn von Las Vegas erleben und durch das brutal heiße Death Valley fahren, den Straßenmusikern am Venice Beach in L.A. zuhören und auf Kaliforniens Highway 1 an der Pazifikküste bis nach San Francisco hochfahren, um dort an einem der letzten Tage über das schönste und großartigste Bauwerk zu laufen, das ich mir vorstellen konnte: die Golden Gate Bridge. Sie war für mich schon immer *das* Symbol für Fernweh und die große weite Welt. Einmal auf ihr zu stehen war zu der Zeit mein größter Wunsch.

In meinen Tagebuchaufzeichnungen von jenem 23. Juli 2008 steht: »Am Washington Square mussten wir einmal umsteigen, um nach Marina zu kommen. Dann nur eine Straße runter, und schon standen wir am Ufer der San Francisco Bay mit bestem Blick auf die Golden Gate Bridge. Das Wetter hätte besser nicht sein können. Die Sonne schien, und der Wind wehte uns um die Ohren, als wir am Strand entlangliefen. Auf dem Wasser tummelten sich unendlich viele Segelboote, die Brücke kam mit jedem Schritt näher. Als wir endlich auf ihr standen, begann der schönste Spaziergang meines Lebens. Rechts von uns lag die Skyline von San Francisco, mitten in der Bucht die Gefängnisinsel Alcatraz und über uns ein strahlend blauer Himmel sowie die Dutzenden von leuchtend roten, armdicken Stahlseilen, die der Brücke ihr unverwechselbares Aussehen geben.« Am Ende des Tagebucheintrags habe ich geschrieben: »Was für ein perfekter Tag das heute war!«

Ich erinnere mich, dass ich die Golden Gate Bridge während des Spaziergangs immer wieder anfassen musste, weil ich nicht glauben konnte, wirklich endlich dort zu sein. Ich wollte den Moment unbedingt festhalten und konservieren, so wichtig war er mir. Danach habe ich lange vom schönsten Tag in meinem Leben gesprochen, wann immer ich die Geschichte vom Spaziergang über die Golden Gate Bridge rausgeholt habe. Inzwischen gab es in meinem Leben zwar ein paar Ereignisse, die diesen Tag in San Francisco in den Schatten stellen konnten, aber ich erinnere mich trotzdem noch genau an dieses überwältigende Gefühl, das ich damals empfand. Ganz nebenbei infizierte mich jener USA-Trip mit einer ganz großen Reiseleidenschaft, sodass ich zwei Jahre später die Entscheidung traf, mich als Reisejournalist selbstständig zu machen. Die beste Reise meines Lebens, gefolgt von der besten beruflichen Entscheidung meines Lebens.

Jetzt laufe ich über die deutsche Golden Gate Bridge und spüre dem Gefühl von damals nach. Nicht weil ich der Rheinbrücke Emmerich die gleiche Strahlkraft beimessen könnte, das wäre unverhältnismäßig. Aber ich erinnere mich gerade ganz deutlich daran, warum ich so gerne reise, warum ich es zu meinem Lebensmittelpunkt gemacht habe. Weil es etwas mit mir macht und mich tief erfüllt.

Ich vermisse die Welt wahnsinnig doll.

Wir alle stecken zu diesem Zeitpunkt innerhalb unserer Heimatländer fest, haben einen extrem kleinen Radius. Aus gesundheitlicher Sicht ist das alles nachvollziehbar, aber die Coronakrise macht Staatsgrenzen zurzeit leider wieder zu echten Grenzen. In Europa konnten wir uns in den letzten Jahrzehnten komplett frei bewegen, wir konnten vom Nordkap bis nach Gibraltar fahren, ohne ein einziges Mal unseren Pass vorzeigen zu müssen oder nach dem Grund unserer Reise gefragt zu werden. Und auch große Teile der Welt waren dank E-Visa und Co. so unbürokratisch wie nie zu besuchen. Es gehörte für Abiturienten schon fast zum guten Ton, nach der Schule erst mal für ein Jahr nach Bali oder Australien abzuhauen. Interrail durch Europa, Roadtrippen durch die Staaten, Backpacken in Südostasien. Dass diese Entwicklung durchaus auch zu einem Überfluss geführt hat und eine solche Freiheit eine nicht unerhebliche Umweltbelastung mit sich bringt, ist ein Dilemma, das ich nicht ignorieren möchte. Vor allem aber ist Reisen für mich immer Bildung gewesen. Es ist das Beste, was ich jungen Menschen raten kann: Fahrt los, lernt die Welt kennen, macht euch ein eigenes Bild.

Reisen verbindet Menschen, die sich sonst nie begegnen würden. Reisen bildet Freundschaften über Ozeane und Kontinente hinweg. Reisen ist wichtig für eine offene Gesellschaft, weil es Vorurteile abbaut. Fremde kommen sich durchs Reisen näher. Man kann sich doch gar nicht verstehen lernen, wenn man sich nicht kennenlernt. Humboldt hat mal gesagt: »Die gefährlichste aller Weltanschauungen ist die der Leute, welche die Welt nie angeschaut haben.« Und das ist so wahr. Amerikaner, die Trump ihre Stimme gegeben haben, als rückständig oder dumm zu verurteilen, ist einfach. Ich habe solche Gedanken auch manchmal. Aber was wissen wir schon über ihre Beweggründe, wenn wir uns nie mit ihnen unterhalten haben? Ein heruntergekommenes Township in Kapstadt als kriminelle No-Go-Area zu bezeichnen, ist respektlos. Weil dort täglich Menschen ein und aus gehen, die diese Wellblechhütten ihr Zuhause nennen (müssen) und mit all ihrer Kraft versuchen, sie durch Nachbarschaftshilfe zu einem einigermaßen lebenswerten Ort zu machen. Wenn man sich mit solchen schwierigen Fragen auf Reisen nicht beschäftigen kann oder möchte, ist das okay. Dann geht man halt surfen oder feiern und stellt in den Rooftopdiscos in Beirut und den Strandbars in Costa Rica fest, dass es uns allen irgendwie ähnlich geht. Wir alle haben ähnliche Bedürfnisse und Sehnsüchte, Wünsche und Vorstellungen von einem glücklichen Leben. Die meisten Menschen sind gut, und das sieht man, wenn man sie ken-

Kaliforniens Highway 1, fast so legendär wie das Original

Ziemlich deutsche
Regeln in Brasilien

Von Dubai fährt die
MS Antarctica bis
ins Südseeparadies
Samoa.

Amerikas endlose Weiten, frisch gemäht

Rußland
Ortschaft Friedeburg

Amerika
Gemeinde Friedeburg

Dreeangel

Mickenbarg
684 über NN

Rußland
121 m

Amerika
63 km

Mickenbarg

Die höchste Erhebung zwischen Magdeburg und Ostsee ist lebensfeindlich, vor allem für Regenschirme.

Kalimandscharo →

Höhlen ohne
Hobbits
im Harzvorland

„Wetten, dass..."
die Weltreise in
Xanten auch zur
Zeitreise wurde?

nenlernt. Sich nicht zu kennen schafft Distanz. Und Distanz schafft Grenzen. Die Notwendigkeit, uns zurzeit abschotten zu müssen, macht mich deshalb traurig. Corona lehrt uns gerade, dass jeder Mensch, der uns begegnet, potenziell eine Gefahr ist. Ich hoffe sehr, dass sich diese Sichtweise in der nun heranwachsenden Generation nicht allzu sehr verfestigt.

Der ohrenbetäubende Lärm eines vorbeirauschenden Traktors reißt mich aus meinen Gedanken. Sein enormes Gewicht lässt die Rheinbrücke vibrieren, die Stahlseile auf meiner Höhe geben für einen Moment nach. Es ist Feierabend-Rushhour, der Verkehr ist gewaltig. Ich befinde mich bereits auf dem Rückweg und lasse noch einmal meinen Blick schweifen. Alcatraz ist nicht in Sicht, dafür aber die Niederlande. Zugegeben: Ich kann den Grenzübergang nicht einmal erahnen, denn dahinter sieht es genauso aus wie davor. Links und rechts des Flusses erstrecken sich weite Grünflächen, hier und da liegen kleine naturbelassene Strände am Ufer. Unter der Brücke fahren im Minutentakt diese typisch flachen Rheinkähne hindurch, die allerhand Güter und Rohstoffe von und nach Rotterdam bringen.

Nach einer Dreiviertelstunde bin ich zurück an meinem Ausgangspunkt, überquere erneut den rechtsrheinischen Brückenfuß und nehme an, das Erlebnis Rheinbrücke Emmerich damit abgeschlossen zu haben. Dabei ahne ich nicht, dass der schönste Moment des Tages erst an der Rheinpromenade auf mich wartet.

Es war ein sehr bewölkter Tag. Nur vorhin auf dem anrüchigen Parkplatz hat sich mir kurz der blaue Himmel gezeigt. Weil ich den Anblick der Brücke dort nicht so ausgiebig genießen konnte, setze ich mich jetzt an der Promenade auf einen Stein am Ufer.

Und ich habe Glück: Genau an der Stelle, an der die Sonne gleich über den Niederlanden untergehen wird, reißt in diesem Moment der Himmel auf. Stück für Stück kriecht die Sonne weiter unter der Wolkendecke hervor und steht nun so tief, dass sie auch unter der Brücke hindurchscheint. Kurz vor der Erde steht die Sonne schließlich komplett frei am Himmel und strahlt noch mal mit aller Kraft und im tiefsten Orange in meine Richtung, dass ich es kaum fassen kann. Der Himmel leuchtet lila, die Reflexion der Sonne auf dem Wasser reicht bis zu mir ans Ufer heran. Ein Rheinschiff schiebt sich ins Bild, und das inzwischen tiefschwarze Stahlgerüst der Brücke macht die Szene komplett. Ich drücke wie wild auf den Auslöser meiner Kamera, weil ich das perfekte Bild schießen will.

Kein Zweifel: Wäre die Rheinbrücke Emmerich berühmter, als sie ist, würden hier jeden Abend Hunderte Menschen stehen und auf das Tagesende warten. Ich meine das ernst: Mit dem Sonnenuntergang an der Golden Gate Bridge kann der Moment hier ohne weiteres mithalten. Einzig der Schriftzug »Nur der S04«, der in Großbuchstaben auf den linken Brückenfuß geschmiert wurde, erinnert mich daran, dass ich vielleicht doch nicht ganz so weit vom Ruhrgebiet entfernt bin, wie es sich gerade anfühlt. Es sei denn, das S steht für San Francisco.

Südsee

Wandertag mit Wasserski

Nach dem Sonnenuntergang wurde es schnell stockfinster am Rhein. Ich lief die Promenade zurück und kehrte im *Hof von Holland* ein. Nicht etwa um Poffertjes oder Stroopwafels zu bestellen, sondern um einen echt amerikanischen Burger zu essen. Wo, wenn nicht in San Francisco? Das alles mit Blick auf die Brücke. Sie war zwar längst im Schwarz der Nacht verschwunden, aber ihre beiden Pfeiler wurden von kräftigen roten Strahlern angeleuchtet.

Am nächsten Morgen sehe ich die Brücke noch einmal wieder, der Bus nach Kleve fährt drüber. Ich bin der einzige Fahrgast und komme mit dem Busfahrer ins Gespräch.

»Was führt Sie denn hierher, wenn ich fragen darf?«, erkundigt er sich bei mir und zeigt auf meinen Trekkingrucksack. »Die Gegend ist ja nun nicht gerade ein Touristenmagnet.« Aber als ich von meiner Weltreise durch Deutschland erzähle, ahnt der Mann gleich, warum ich hergekommen bin.

»Ich wurde an dem Tag geboren, an dem die Brücke eingeweiht wurde«, erzählt er.

»Was, wirklich?«, frage ich ungläubig.

117

»3. September 1965.«

Ich schmeiße Google an und stelle erstaunt fest, dass das wirklich wahr ist. Der Busfahrer, der mich gerade über die Golden Gate Bridge am Niederrhein fährt, ist auf den Tag genauso alt wie sie. Was für ein witziger Abschluss dieser Etappe!

Ich glaube, so langsam bin ich bereit für die ganz großen Themen. Unsere Welt wirft Fragen auf, für die wir möglicherweise niemals Antworten finden werden: Warum stinken Fische so doll, wenn sie doch ihr Leben lang baden? Dürfen Vegetarier Schmetterlinge im Bauch haben? Laufen Schafe ein, wenn es zu heiß regnet? Oder auch: Warum heißen unsere beiden deutschen Meere eigentlich Nord- und Ostsee?

Vor allem Letzteres hat mich als Schleswig-Holsteiner schon so einige Gehirnzellen gekostet. Nordsee und Ostsee liegen geografisch gesehen direkt nebeneinander, getrennt durch die Landmasse Schleswig-Holsteins. Wie aber kann die Ostsee *neben* der Nordsee liegen? Müssten die beiden nicht Ost- und Westsee heißen?

In Xanten am Niederrhein, nur 30 Kilometer von Emmerich entfernt, hat man da von Anfang an ein Stück weiter gedacht. In einer Biegung des Rheins liegen untereinander zwei Seen, von denen der obere richtigerweise Nordsee heißt und der untere Südsee. Und noch ein Fun Fact: Man hat sich bei beiden für den weiblichen Artikel entschieden, was dem Ganzen sofort einen größeren, globaleren Klang verleiht.

Die Südsee beherbergt ein riesiges Freizeitzentrum mit Surfschule und Wakeboard-Arena, Beachvolleyballfeldern, Sprungtürmen und 1000 Metern Sandstrand. Weil der Herbst inzwischen immer deutlicher sein Gesicht zeigt, die Tage langsam grauer, trüber und insgesamt nasser werden, finde ich, dass ein bisschen Südsee-Feeling nicht schaden kann, schultere meinen Rucksack und steige in Xanten aus dem Bus.

Vor dem Bahnhofsgebäude steht ein Mann, der offenbar einen Fahrradverleih betreibt. Ich grüße kurz und verschwinde dann hintern Bahnhof, auf der Suche nach einem Schließfach für mein Gepäck. Zu Fuß dauert es von hier bis zur Südsee nämlich eine knappe Stunde, zu meiner Unterkunft an der Nordsee laufe ich später noch mal eine Dreiviertelstunde. Da finde ich 15 Kilo auf dem Rücken eher unnötig. Aber das Bahnhofsgebäude ist klein, und so stelle ich schnell fest, dass ich hier vergeblich suche. Und außerdem … vielleicht ist es gar keine schlechte Idee, dass … Moment. Ich laufe zurück auf den Bahnhofsvorplatz.

»Na, weißt du nicht, wo du hinwillst?«, spricht mich der Mann von eben an, als ich wieder um die Ecke komme.

»Doch, schon«, antworte ich. »Aber ich dachte gerade, dass ein Fahrrad vielleicht keine schlechte Idee ist.«

»Dafür bin ich hier«, sagt der Mittfünfziger. »Helmut, freut mich.«

Wir gehen zusammen in seinen Fahrradkeller, der unter dem Bahnhof liegt, und ich suche mir ein Trekkingbike aus.

Ich mag Helmut sofort. Seine lockere Art ist sehr angenehm – und auch, dass wir uns direkt duzen, finde ich super.

Vielleicht stelle ich ihm deshalb spontan eine Frage, die ich nicht jedem Fremden stellen würde.

»Sag mal, wäre es ein Problem, wenn ich mein Gepäck bis morgen hier bei dir im Verleih lasse?«

»Nee klar, kannst du machen«, sagt er, ohne zu zögern, fügt aber dann hinzu: »Auch wenn ich morgen eigentlich gar nicht geöffnet habe.«

»Oh nein. Dann lassen wir das!« Nun fühle ich mich schlecht. »Ich will dir überhaupt keine Umstände machen.«

»Machst du nicht«, sagt Helmut entschieden. »Ich gebe dir meine Handynummer, und du rufst mich morgen früh an. Ich wohne nur drei Minuten entfernt. Außerdem war ich früher Pfadfinder. Jeden Tag eine gute Tat.«

Das finde ich wunderbar! Ich bin immer wieder aufs Neue fasziniert und begeistert davon, wenn Menschen, denen man noch vor fünf Minuten völlig fremd war, komplett uneigennützig helfen wollen. Einfach weil sie merken, dass sie einem damit einen echten Gefallen tun würden. Und fühlt sich das nicht für beide Seiten toll an?

Glücklich und dankbar steige ich auf meinen Leihdrahtesel, winke Helmut noch einmal zu und freue mich, die beiden Fliegen Gepäck und Fortbewegung mit einer Klappe geschlagen zu haben.

Noch einmal zur Erinnerung: Ich hatte ja versprochen, dass der Tourabschnitt hier im Westen ein weiteres Mal alles geografisch Gelernte in Frage stellen wird. Wie wir inzwischen wissen, liegt die Südsee nur 30 Kilometer von San Francisco entfernt – und auf dem Weg zu ihr mache ich nun auch noch einen Abstecher ins Römische Reich. Wo heute das knapp 22000 Einwohner zählende, mittelalterlich-niedliche Xanten liegt, befand sich nämlich noch vor 1500 Jahren die römische Stadt Colonia Ulpia Traiana. Sie war damals nach dem heutigen Köln und nach Trier die drittgrößte römische Stadt nördlich der Alpen. Einige Fundamente der alten Gebäude und Anlagen sind bei Ausgrabungen wieder zutage gekommen, die Stadt wurde zum Teil aufwendig rekonstruiert. Also schließe ich mein Fahrrad am Eingang des Archäologischen Parks Xanten an, kaufe mir eine Eintrittskarte für Deutschlands größtes archäologisches Freilichtmuseum und mache diese Weltreise kurzerhand zur Zeitreise.

Gesiedelt hatten die Römer hier schon kurz vor Christi Geburt, die eigentliche Colonia Ulpia Traiana entstand aber erst um etwa 100 nach Christus. Die Stadt lag damals direkt am Rhein, der zu der Zeit die Grenze des Römischen Reichs auf dem Westufer zum freien Germanien auf dem Ostufer markierte. Das Gebiet der alten Stadt ist heute ein riesiger grüner Park, in dem die einstigen Hauptstraßen originalgetreu durch schachbrettartige Sandwege markiert werden. Am beeindruckendsten sind die rekonstruierten Teile der alten Wohnhäuser und des Hafentempels, der an die Athener Akropolis, an Pompeji oder das Forum Romanum in Rom erinnert. Mein Highlight ist außerdem das Amphitheater, das wie eine kleine Ausgabe des Kolosseums aussieht.

Wenn nicht gerade Corona ist, finden in dem Theater Festspiele statt – und auch das große Fernsehen war schon mehrfach zu Gast. Natürlich.

»1991 kam Thomas Gottschalk, um von hier aus die erste Sommerausgabe von *Wetten dass..?* zu moderieren«, höre ich auf den Rängen einen Tourguide sagen und rücke ein Stück näher an die Gruppe heran. Der Mann erzählt nicht ohne Stolz, dass damals unter anderem Rudi Carrell und Herbert Grönemeyer zu Gast waren, die Scorpions spielten ›Wind Of Change‹. In diesem Moment schießen mir Bilder in den Kopf, wie ich als Siebenjähriger zu Hause auf dem Sofa sitze, und ich glaube mich zu erinnern, genau diese Sendung gesehen zu haben. Wow, jetzt wird das hier wirklich zur Zeitreise!

Ursprünglich fanden auf der kreisrunden Tribüne rund 10000 Zuschauer Platz, um Gladiatorenkämpfen beizuwohnen. Nicht selten endete ein Kampf mit dem Tod des Unterlegenen. Zum Runterkommen nach diesen blutigen Schlachten fanden in den Wettkampfpausen ein paar Hinrichtungen statt. Man gönnt sich ja sonst nichts.

»Vier Jahre dauerte die Ausbildung zum Gladiator, bevor die Männer überhaupt eine Chance hatten, wenigstens zehn Sekunden in der Arena zu überleben«, erzählt der Führer, dessen Stimme deutlich über die Tribüne schallt. »Die Ausbildungsstätte nannte man Gladiatorenschule. Im Grunde genommen war es aber nichts anderes als ein Sklavengefängnis.« Dort saßen vor allem Männer ein, denen die Todesstrafe drohte. Ihre einzige Chance war ein Leben als Gladiator. Fragt sich, was schöner ist.

»80 Prozent der Gladiatoren überlebten ihre Kämpfe«, sagt der Tourguide. Trotzdem seien über die Jahrhunderte natürlich mehrere hunderttausend Gladiatoren gestorben.

»Aber wenn ein Kämpfer richtig gut war, wurde er auch zum großen Star in der römischen Welt. Mit Merchandising und allem Drum und Dran.« Bei Ausgrabungen habe man ein Steinstück gefunden, das einen eingeritzten Gladiatorennamen zeigte. Das frühzeitliche Autogramm für einen Fan. Und auch Kelche, Teller und Öllampen mit den Namen von erfolgreichen Gladiatoren gab es, die sich die Zuschauer nach den Kämpfen als Souvenir kauften.

Verrückte Welt: Im Römischen Reich musste man sich seine Berühmtheit im Angesicht des Todes erkämpfen, heute reicht ein Instagram- oder TikTok-Account dafür.

Die Hinweistafeln am Wegesrand verraten mir, dass es in der Colonia Ulpia Traiana alles gab, was das Leben zu jener Zeit lebenswert und sicher machte: Stadtmauern und Tore, ein Forum, Kultureinrichtungen, gleich mehrere Tempel und sogar eine Kanalisation. Die Römer haben unterirdische Abwasserkanäle gebaut, die heute noch in Teilen zu sehen sind. Klingt allerdings fortschrittlicher, als es wirklich war. Nitrathaltiges Schmutzwasser aus den Haushalten und Schwermetallsalze aus den ansässigen Handwerksbetrieben wurden hierüber abgeleitet und gelangten ungefiltert ins Hafenbecken und ins Grundwasser. Im Kopf überschlage ich kurz die Halbwertszeit dieser Schadstoffe und hoffe, dass sich die Wasserqualität der Gegend inzwischen wieder verbessert hat. Denn jetzt geht es für mich endlich ab in die Südsee.

Außerhalb der römischen Stadt staune ich noch einmal über die wirklich enormen Ausmaße der Stadtmauer, an der ich noch eine Weile entlangradele, und kann auf der anderen Straßenseite schon bald das Wasser sehen. Nord- und Südsee sind zwei Baggerseen, die seit 1975 durch Kiesabbau gewonnen und als freizeitliches Naherholungsgebiet angelegt wurden. Über die Jahrzehnte wurde das Strandbad, das mit seinen Bastschirmchen tatsächlich Südsee-Flair hat, fortlaufend erweitert und mit nahezu jeglichen Wassersportmöglichkeiten ausgestattet, die man sich vorstellen kann: vom Tretbootverleih bis zum Schiffswrack für Taucher, das man 2003 in zwölf Metern Tiefe in der Südsee versenkt hat. Im selben Jahr fand hier an der Seilzuganlage sogar die deutsche Wakeboard-Meisterschaft statt – und genau darauf habe ich es heute auch abgesehen.

Als ich auf das Gelände fahre, sehe ich bereits ein paar Wakeboarder, die ihre Runden drehen, gezogen von der riesigen Anlage. Sie ist als großes Viereck angelegt und ihre Strecke insgesamt etwa einen Kilometer lang. Mitarbeiter Yannick erklärt mir, wie alles funktioniert.

»Wir haben ein Anfängerpaket, mit dem du zwei Stunden fahren kannst. Da ist alles inklusive: Neoprenanzug, Schwimmweste und natürlich ein Coaching. Bist du schon mal Wakeboard oder Wasserski gefahren?«

Tatsächlich habe ich beides vor fast zehn Jahren mal ausprobiert. Aber das ist schon so lange her, dass es kaum noch wahr ist. Deshalb antworte ich ehrlich: »Ich bin blutiger Anfänger.«

»Dann würde ich dir erst mal Wasserski empfehlen«, sagt Yannick. »Das ist einfacher, weil dein Körper dabei nach vorne gerichtet ist – und nicht wie beim Wakeboarden seitlich.« Einverstanden.

Nach einem kurzen Einführungsvideo presse ich mich in meinen Neo und laufe zur Rampe an der Seilzuganlage, die mit einem grünen Kunstrasenteppich überzogen ist.

Ich stelle fest, dass ich der Einzige mit Wasserskiern bin. Alle anderen fahren Wakeboard und erwecken den Eindruck, eine eingeschworene Gemeinschaft zu sein, so als würden sie sich hier jedes Wochenende treffen. Außerdem gleiten alle sehr professionell übers Wasser.

»Na, seid ihr die mit der Jahreskarte?«, frage ich scherzend, als ich auf der Rampe ankomme. Ein paar Männer nicken, eine Frau mit rosa Helm schüttelt den Kopf. »Nein, ich nicht.«

»Wie lange fährst du schon?«, will ich von ihr wissen.

»So zweieinhalb Monate vielleicht. Ich habe diesen Sommer erst angefangen.«

»Aber ihr scheint euch alle gut zu kennen, oder täuscht das?«

»Ja, da hast du schon recht. Hier kennt jeder jeden«, sagt sie. »Und man kommt auch schnell rein, wirst du sehen. Ich bin Yoko, geh ruhig vor.«

Oha. Ich würde eigentlich lieber noch ein bisschen zuschauen. Aber gut. »Danke«, sage ich zögernd.

Ein paar Wakeboarder, die bereits am Seilzug hängen, fahren an uns vorbei. Ich schätze, dass die Anlage eine Geschwindigkeit von 30 km/h hat. Gar nicht so wenig, wenn man bedenkt, dass die Wahrscheinlichkeit, dass ich gleich mit dem Gesicht aufs Wasser klatsche, recht groß ist. Yannick steht am Bedienpult der Anlage und gibt mir letzte Anweisungen.

»Du stellst deine Skier jetzt parallel zueinander, im 90-Grad-Winkel zur Wasserkante, und gehst komplett in die Hocke«, erklärt er und reicht mir ein Seil. Am unteren Ende der Leine hängt ein Dreiecksgriff, den ich mit beiden Händen umfasse. »Jetzt strecke deine Arme ganz aus und spanne alle Muskeln in deinem Körper an.« Leichter gesagt als getan. »Es wird gleich einen Moment geben, in dem das Seil ruckartig Spannung bekommt und dich hier vom Teppich zieht. Dann unbedingt in der Hocke bleiben und die Arme gestreckt lassen, bis du auf gerader Fläche übers Wasser fährst. Erst dann stehst du langsam auf.«

Klingt so weit einleuchtend.

»Bist du bereit?«, fragt Yannick. Ich wüsste nicht, wie ich darauf ernsthaft mit Ja antworten sollte. Tue es aber trotzdem.

Yannick hakt mich in die Anlage ein, das Seil spannt sich und reißt im nächsten Moment mit aller Gewalt an meinen Armen. Alter Schwede, aua! Ich bilde mir ein, dass meine Schultern einmal kurz aus ihren Kugelgelenken rausgucken und freundlich winken. Diesen Gedanken kann ich aber nicht zu Ende führen, weil sich wenige Millisekunden später mein ganzer Körper samt Skiern in Bewegung setzt und von dem grünen Teppich gezogen wird. Ab aufs Wasser!

Es fühlt sich recht stabil an – und ein bisschen wie in Zeitlupe. Joa, das könnte was werden, denke ich. Ha, wie einfach ist das denn? Das wird klasse, mache ich mir Mut.

Gar kein Problem. Wasserski fahren ist ja super easy. Woohoo! Guckt doch mal alle, wie ich übers Wasser gleite!

Dann sind die ersten Sekunden um, ich gelange zurück in die Echtzeit, der Seilzug reißt meinen Oberkörper mit einem weiteren kräftigen Ruck nach vorne, und ich klatsche ungebremst mit dem Gesicht voran in die Südsee.

Au, das tut aber weh!

Und: Ui, das ist aber kalt! Mit jeder Bewegung unter Wasser füllt sich mein Neoprenanzug mehr mit kalter Flüssigkeit. Ich stöhne. Die Südsee hab ich mir irgendwie wärmer vorgestellt.

»Keine Sorge«, ruft mir Yoko zu, während sie ihre Fahrt startet. »Die Temperatur regelt der Neo gleich von ganz allein. Dafür ist er ja da.«

Die gute Nachricht: Da ich mich wirklich nur wenige Meter auf dem Wasser fortbewegt habe, sind es nur ein paar Schwimmzüge bis zur Treppe, die mich wieder auf die Startrampe führt. Dem nächsten Versuch steht also nichts im Weg.

»Hast du gemerkt, wie du die Arme rangezogen hast, als das Seil an dir gezogen hat?« fragt Yannick. Ich habe es nicht gemerkt, nicke aber trotzdem. »Lass sie unbedingt gerade, bleib in der Hocke und finde erst mal deine Balance.«

Beim zweiten Mal klappt es schon viel besser. Die Überraschung über das kräftige Ziehen ist nicht mehr so groß, ich fliege aufs Wasser und konzentriere mich auf mein Gleichgewicht. Ich fahre. Ich fahre wirklich. Die ersten 20, vielleicht 30 Meter habe ich bereits geschafft, und es fühlt sich gut an. Das einzige Problem: Ich kann nichts sehen, weil ich noch immer in der Hocke bin und mir die Gischt der Wasserskier ununterbrochen ins Gesicht spritzt. Die Anlage hat mich längst auf die erste Gerade gezogen, womit der richtige Moment zum Aufrichten gekommen wäre. Theoretisch. Aber ich kann nicht. Ich habe keine Ahnung, wie ich mich aus der Hocke lösen soll, ohne ins Wasser zu klatschen. Also lebe ich mit den Wassermassen in meinen Augen und genieße den Rausch im Hocksitz.

Nach geschätzten 300 Metern kommt die erste Kurve, und sie regelt mein Dilemma, ohne mich zu fragen. Einen Anfänger in der Hocke lässt sie hier auf keinen Fall durch. Ich rase auf das Kurvenrad des Seilzugs zu, und ehe ich verstehe, was hier gerade passiert, reißt das Seil nach links, klaut mir das Gleichgewicht und schmeißt mich mit voller Wucht ins Wasser.

Ich tauche auf und erkenne, wie weit ich es geschafft habe. Die fehlerhafte Körperhaltung ist mir jetzt egal, Strecke machen ist das Ziel – und das habe ich erreicht. Im nächsten Moment wird mir allerdings klar, was das auch bedeutet: Bis zum nächsten Ufer sind es etwa 30 Meter, die kann ich locker schwimmen. Aber dann heißt es: Skier ausziehen und unter den Arm klemmen, die Böschung hochkraxeln und die ganze Strecke bis zur Startrampe zurücklaufen. 300 Meter, barfuß über Kieselweg mit spitzen Steinen. Der Erfolg hat seinen Preis.

Bei der nächsten Runde schaffe ich es sogar, mich hinzustellen, fliege aber erneut in der ersten Kurve raus. Lenken ist schwer! Wieder muss ich 30 Meter schwimmen und dann

Meine partnerin
in crime auf
Kieselsteinen:

Yoko aus
der Südsee.

Alpine Gipfel
gibt's in NRW
nur in 2D.

Dr. Sebastian Ritter,
Grünen-Politiker und
Spitzmaus-Retter

Gutes Timing:

Ich war pünktlich zur Kirschblüte in Little Tokyo.

Rom

Gemeinde Morsbach
Oberbergischer Kreis

ROM

HOTEL

Der Rhein war unterwegs immer mal wieder meine Hauptschlagader, in Andernach fand ich schließlich den Puls.

Ja, hier hätte ich mir als König auch ein Schloss hingebaut.

300 Meter barfuß über Kies laufen. Ich wollte Wasserski fahren und keinen Wandertag machen!

»Jetzt weißt du, wie mein halber Sommer aussah«, ruft Yoko, als sie auf ihrem Wakeboard an mir vorbeirauscht. Und dann: »Warte kurz!« Sie lässt ihr Seil los, fällt ins Wasser und kommt zu mir ans Ufer geschwommen.

»Hast du dich gerade mit Absicht fallen lassen?«, frage ich sie fassungslos, als sie die Böschung hochstapft.

»Ja, ich weiß, wie nervig es ist, alleine zurückzulaufen. Ich komme mit dir.«

Wow, wie nett ist das denn?!

»Du bist nicht von hier, oder?«

»Nein, ich mache gerade eine Weltreise durch Deutschland«, antworte ich. »Heute fahre ich Wasserski in der Südsee. Zumindest war das der Plan.«

»Das ist ja eine witzige Idee«, findet Yoko. »Und wo warst du schon überall?«

Ich erzähle von meinen bisherigen Stationen und dass ich gestern an der Golden Gate Bridge in Emmerich war.

Es stellt sich heraus, dass Yoko aus Emmerich kommt. Abgesehen von der Brücke sei die Stadt nicht wirklich spannend, sagt sie. Viele finstere Leute, vielleicht ein bisschen zu viele Drogen. Ich horche auf und erzähle ihr von dem seltsamen Parkplatz an der Brücke.

»Ach, nee, da geht es nicht um Drogen, das ist ein Schwulenparkplatz. Da treffen sich Männer heimlich zum Vögeln.«

»Oh, ach so!« Jetzt geht mir ein Licht auf. »Ja, es wirkte alles sehr geheimnisvoll.«

»Ich glaube, dass sich da vor allem Männer treffen, die nicht geoutet sind. Viele führen eine Art Doppelleben, weil sie zum Beispiel verheiratet sind.«

»Das ist ganz schön traurig«, stelle ich fest.

Yoko ist 31, trägt ein Nasenpiercing und hat grau gefärbte Haare, *Granny Style*. Sie hat vor drei Wochen eine Ausbildung zur Sport- und Fitnesskauffrau begonnen. Besser spät als nie, wie sie sagt. Ihr Leben sei bisher etwas chaotisch verlaufen.

»Ich bin mit sechzehn an multipler Sklerose erkrankt und wusste nie so recht, wo ich beruflich hingehörte. Ich hatte schon so einige Arbeitgeber, die mich rausgeschmissen haben, wenn ich mal wieder einen Schub hatte.« Ich erinnere mich an eine ehemalige Nachbarin, die auch an der chronischen Erkrankung des Nervensystems leidet. Von ihr weiß ich ein bisschen was über die Symptome, die auftreten, wenn ein neuer Schub kommt: motorische Schwierigkeiten zum Beispiel, verschwommenes Sehen, große Müdigkeit.

»Zwischen den Schüben geht es mir meistens gut«, erzählt Yoko. »Manchmal kribbelt es hier und da, oder ich kann warm und kalt auf der Haut nicht unterscheiden.«

»Und inwieweit beeinflusst das Wakeboarden deine Krankheit?«, will ich wissen. »Machst du es *trotz* oder *wegen* MS?«

»Auf jeden Fall wegen MS. Der Sport hilft mir bei meiner Koordination und meinem Gleichgewicht. Ich hatte letztes Jahr schon einmal versucht, Wakeboard zu fahren. Aber damals hatte ich noch zu viel Angst, weil ich davor fünf Monate im Krankenhaus lag. Jetzt geht es mir endlich gut damit.«

Yokos positive Einstellung beeindruckt mich sehr. Sie lebt zwar nun schon ihr halbes Leben mit MS, aber ich kann mir nicht im Geringsten vorstellen, wie ich mit der Diagnose einer unheilbaren Autoimmunkrankheit umgehen würde.

»Es ist nicht immer leicht«, sagt sie. »Durch das ganze Kortison habe ich mal 140 Kilo gewogen, das schlägt natürlich auch auf die Psyche. Aber sich zurückzuziehen kommt nicht in Frage. Man muss leben und wild sein, solange man kann!«

Was für eine inspirierende Begegnung. Genau, nicht vergessen, wild zu sein!

Ich starte noch ein paarmal von der Rampe und schaffe sogar zweimal die Kurve. Am Ende lande ich aber immer wieder in etwa an derselben Stelle im Wasser. Es ist frustrierend zu sehen, wie Yoko und die anderen Runde um Runde an mir vorbeifahren. Was ich aber toll finde: Jeder einzelne fragt im Vorbeifahren, ob bei mir alles okay sei. Man passt hier aufeinander auf.

»Komm, eine ganze Runde schaffst du heute noch«, motiviert mich Yannick, als ich zum x-ten Mal zurück an den Steg komme. Mir ist inzwischen ordentlich kalt geworden, aber ich nehme noch mal all meine Kräfte zusammen, gehe an den Start und lasse mich vom nächsten Seil erneut auf die Südsee ziehen.

Ich stehe. Ich fahre die lange Gerade ohne Probleme. Die Kurve kommt auf mich zu, und ich schaffe es, nach rechts zu lenken und durch die Bojen zu fahren, die dort zur Orientierung liegen. Kurz bevor das Kurvenrad kommt, gehe ich etwas in die Hocke, das Seil zieht mich mit einem kräftigen

Ruck um die Kurve. Ich wanke kurz, halte aber das Gleichgewicht. Ich stehe immer noch. Ich fahre Wasserski! So weit
bin ich bis jetzt noch nie gekommen. Ein Wahnsinnsgefühl!
Nach der nächsten Kurve verliere ich aber doch wieder die
Balance und lande mit einem lauten Platsch im Wasser.

Die beste Runde bisher – aber nun bin ich am komplett
anderen Ende der Bucht. Ich muss eine steile Böschung hin-
aufkraxeln, die steinig und rutschig ist, und oben wartet ein
halber Kilometer Fußweg über piksigen Sandweg auf mich.
Das entspricht alles nicht mehr so richtig meiner Vorstellung von Spaß in der Südsee.

Als ich zehn Minuten später mit kalten Gliedern und Fü-
ßen wie ein Fakir wieder an der Rampe ankomme, stelle ich
die Wasserski zur Seite und beschließe, meine hoffnungs-
volle Karriere an den Nagel zu hängen.

»Danke, dass du vorhin den Weg mit mir gegangen bist«,
verabschiede ich mich nach dem Umziehen von Yoko. »Das
war wirklich nett von dir!«

»Keine Ursache«, antwortet sie. »Das macht man hier so.
Ich wünsche dir noch eine tolle Reise. Du bist der erste Welt-
reisende, den ich je kennengelernt habe.«

Ich muss lachen. Die Südsee war inspirierender als gedacht. Und die Wärme kommt hier ganz klar von innen.

Alpen

Ohne Berge hoch hinaus

Es ist ein sehr kalter Morgen, als ich mich aufs Fahrrad
schwinge und die sechs Kilometer vom Hotel zurück nach
Xanten fahre – vorbei an Nord- und Südsee, an der ewig
langen römischen Stadtmauer und dem alles überragenden
Xantener Dom im Stadtzentrum. Helmut sitzt wie verabredet im Fahrradverleih. Ich wärme mich kurz bei ihm auf und
stecke ihm für die Gepäckaufbewahrung noch einen Fün-
fer in die Kaffeekasse. Ich weiß nie so genau, ob so etwas
eine nette Geste ist oder ob die Hilfsbereitschaft durch die
Bezahlung irgendwie geschmälert wird. Nichts geben würde
sich allerdings auch komisch anfühlen. Helmut freut sich
und wünscht mir: »Gute Reise nach Alpen!«

Europas größtes Gebirge liegt keine 15 Kilometer unterhalb
der Südsee, wer hätte das gedacht? Von Fidschi nach Zürich
wäre ich eigentlich mindestens 30 Stunden mit dem Flugzeug unterwegs, jetzt steige ich nach 10 Minuten aus dem
Zug und bin da. Dabei fällt mir auf, dass ich zum ersten Mal
in diesem Herbst meinen Atem sehen kann. Langsam geht's

bergab mit dem Jahr, denke ich und ziehe mir die Kapuze meines Pullis über den Kopf.

Apropos bergab: Alpen ist auf den ersten Blick ganz schön flach. Keine schneebedeckten Gipfel, keine grasenden Kühe auf saftig grünen Bergweiden, lediglich einen kleinen Bach überquere ich auf meinem Weg ins Ortszentrum, die Alpsche Ley. Ansonsten ziehen nur die knallrote Feuerwehr, ein Fitnessstudio mit Pharaofigur am Eingang sowie eine Tennisanlage und ein Wohnmobilstellplatz kurzzeitig meine Aufmerksamkeit auf sich. Vor mir auf dem Weg laufen zwei Jugendliche. Einer von ihnen stößt mit seinem Kopf wieder und wieder gegen ein Verkehrsschild, danach schlägt er seinem Freund mit der Faust auf den Oberkörper. Was ist denn mit dem Alpenvolk los? Ich bin erstaunt, laufe aber weiter, als wäre nichts gewesen.

Der Ortskern des 12000-Einwohner-Städtchens wirkt an diesem Vormittag sehr still und leer. Interessanterweise entdecke ich aber einige Bauwerke, die ich eher im echten Alpenland verortet hätte als hier in NRW. Die frühbarocke Wandpfeilerkirche mit ihrem Zwiebeltürmchen könnte zum Beispiel ohne weiteres auch im Allgäu stehen. An einer Hauswand entdecke ich neben einem Biergarten-Schild einen typisch bayerischen Maibaum, dessen berühmtester Vertreter auf dem Münchner Viktualienmarkt steht. Links und rechts vom Stamm hängen Bilder von gescheiten Brotzeiten, Schweinshaxen und einer ordentlichen Maß Bier. Und auf der Fassade der *Amalien-Galerie* prangt ein Wappen, in dem neben ein paar Bären auch die weiß-blauen Rauten Bayerns zu finden sind. Vielleicht sehe ich in Alpen mehr

Ähnlichkeit zu den Alpen, als eigentlich da ist. Vielmehr beschäftigt mich aber die Frage, was es wohl in diesem Nest zu erleben gibt. Das scheint hier kein Selbstläufer zu werden. Wie bekomme ich Alpen-Feeling in Alpen? Oder überhaupt irgendein Feeling?

Ich finde ein geöffnetes Café und entscheide mich für ein zweites Frühstück. Während ich warte, recherchiere ich, dass Alpen im Jahr 1074 erstmals urkundlich erwähnt wurde und zu der Zeit wohl unter der Herrschaft des Adelsgeschlechts »von Alpen« stand – daher die Ortsbezeichnung. Die offizielle Website des Orts verspricht mir tolle Wander- und Radwege: »Der ausgezeichnete Freizeit- und Erholungswert macht die Gemeinde Alpen zu einem lohnenswerten Ziel, auch für Ausflügler und Naherholungssuchende. Ob nun der Familienausflug in den Waldungen der Bönninghardt, die 37 km lange Radwanderroute ›Alpen am Niederrhein‹ oder der Freizeitsee in Menzelen-Ost; das sind nur einige der vielfältigen Angebote, die die Gemeinde Alpen zu bieten hat.« Typische Touristiker-Sprache. »Vielfältige Angebote« heißt oft so viel wie »Eigentlich ist hier nicht so wahnsinnig viel los, aber das müssen wir natürlich anders verkaufen«. Oben auf der Website prangt ein Foto mit Rentnern auf Fahrrädern in neongelben Warnwesten. Nichts gegen Warnwesten – und schon gar nichts gegen Rentner. Aber ich glaube, ich habe genug gesehen.

»Du hast nicht zufällig einen Tipp für mich, was ich heute in Alpen machen kann?«, frage ich die Bedienung, als sie mit einem Besen an meinem Tisch vorbeifegt. Die Frau kann nicht an sich halten und prustet los.

»Machen?«, fragt sie ungläubig. »Was willst du denn hier machen?«

»Hm, ich weiß nicht. Ist hier nichts los?«

»Überhaupt nichts«, sagt sie. »Ich bin vor ein paar Jahren hergezogen und würde sofort wieder weggehen, wenn ich könnte.« Hoppla.

»Das klingt ernst«, sage ich möglichst mitfühlend. »Wie ist es zu dem Malheur gekommen, wenn ich fragen darf?«

»Mein Mann wollte unbedingt hierherziehen, aus beruflichen Gründen. Aber weißt du, ich habe eine Tochter und muss ehrlich sagen, für Kinder und Jugendliche ist es hier echt scheiße. Hier gibt es nichts.« Die Frau erzählt, dass der Ort viel für die ältere Generation mache und dass das natürlich auch wichtig sei. Aber sie fände es noch entscheidender, auch den Jugendlichen vernünftige Angebote bereitzustellen. »Das sind doch die, die später mal hierbleiben und den Ort am Laufen halten sollen.« Da sagt sie nichts Unwahres.

»Und dann wundern sich die Leute, dass die Kids immer nur im Ort rumhängen.« Und ihre Köpfe gegen Verkehrsschilder kloppen, ich verstehe schon.

»Das klingt alles in allem nicht so, als könnte ich hier heute ein spannendes Erlebnis für mein Tagebuch notieren«, sage ich lachend.

»Nee«, schnaubt die Bedienung so abfällig, wie man nur »Nee« schnauben kann. »Alpen ist komplett tot.« Autsch, das hat gesessen. Ich bestelle noch einen Kaffee und setze meine Recherche fort.

Google trägt mich weiter durchs Bundesland, bis ich

schließlich irgendwie bei Bottrop lande. Dort im Ruhrgebiet steht das *Alpincenter*, eine der größten Skihallen der Welt. Das wäre doch was: mit dem Snowboard die Piste runtersausen, zwischendurch auf der Almhütte Germknödel essen und nachher noch coronakonformes Après-Ski. Auf dem Gelände gibt es sogar eine 1000 Meter lange Sommerrodelbahn. Es ist gerade erst elf Uhr vormittags und Bottrop anderthalb Zugstunden von hier entfernt. Der Plan steht!

Ich trinke meinen Kaffee aus, wünsche der Bedienung, dass sie bald aus Alpen rauskommt, und nehme den nächsten Zug ins Ruhrgebiet. Dabei habe ich keine Ahnung, was bei diesem scheinbar perfekten Plan noch alles schieflaufen wird.

Die Skihalle in Bottrop wurde um die Jahrtausendwende auf einem 57 Meter hohen Haldenberg des Steinkohlenbergwerks Prosper-Haniel gebaut. Sie schlängelt sich mit einer Länge von 640 Metern den Berg hinunter, ich kann den grünen Kasten während meines Aufstiegs schon sehen. Dazwischen erahne ich die Schienen der Sommerrodelbahn. Die letzten Meter Straße laufe ich serpentinenartig nach oben, bis ich vor zwei hölzernen Almhütten stehe, die den Eingangsbereich markieren. Von hier oben habe ich freie Sicht auf Bottrop. Zahlreiche Schornsteine rauchen Kette, die Gebäude sind weitgehend industriellen Ursprungs, die Natur dazwischen zeigt sich aber auch grüner, als man es dem Kohlenpott zutrauen würde.

Es fängt an zu regnen, als ich vor dem Eingang stehe. Nichts wie rein ins Winterwonderland!

»Guten Tag, ich würde gerne snowboarden«, sage ich an der Kasse.

»Sehr gerne. Das All-Inclusive-Paket?«, fragt die Kassiererin. Sie erklärt mir, dass Board, Schuhe, Essen und Trinken inbegriffen sind. Kostenpunkt: 49 Euro.

»Klingt gut.« Ich zücke mein Portemonnaie.

»Handschuhe haben Sie dabei?«, hakt die Frau nach.

»Nein, die bräuchte ich bitte auch.«

»Das geht leider nicht. Wir verleihen keine Handschuhe. Das ist das Einzige, was man selbst mitbringen muss. Es besteht Handschuhpflicht in der Halle.« Ich stöhne. Woher soll ich das denn wissen? (Antwort: Steht auf der Website. Man muss nur richtig lesen können.) »Ist aber kein Problem. Wir haben hier im Haus einen Wintersportshop, der verkauft auch Handschuhe.« Ich gehe nachschauen und staune nicht schlecht: Das günstigste Paar für Erwachsene kostet 50 Euro. Das ist mir ein bisschen zu doll.

Bleibt mir also nur noch die Sommerrodelbahn. Ein Kilometer Fahrspaß für 3,50 Euro. Ob sich dafür die anderthalb Stunden Fahrt gelohnt haben werden? Aber besser als nichts. Ich gehe zurück zur Kasse.

»Dann bitte einfach nur ein Ticket für die Sommerrodelbahn«, sage ich enttäuscht und sehe, wie die Frau ihre Lippen zusammenpresst.

»Es tut mir wirklich leid«, sagt sie vorsichtig. »Es regnet draußen, da dürfen wir die Bahn aus Sicherheitsgründen nicht öffnen.«

Ich trete einen Schritt zurück und schaue die Frau wohl einen Moment zu lang mit leerem Blick an, bevor ich mich wegdrehe. Das darf doch nicht wahr sein! Die Alpen wollen mich offensichtlich verarschen. Alle Alpen im Umkreis. Wieso ist hier denn jetzt so dermaßen der Wurm drin? Was für ein unglaublich vermasselter Tag! Und überhaupt: Urlaub in den Bergen hat mich noch nie gereizt. So, das musste mal raus.

Ich setze mich auf eine der Holzbänke im Eingangsbereich der Almhütte und muss nachdenken. Was mache ich denn jetzt? Einen Spaziergang durch Bottrop? Ich war schon mal hier, die Stadt ist nicht sonderlich spannend. Ich nehme noch mal das Handy zur Hand. Wie sind wir eigentlich damals ohne Smartphone gereist? Um die Ecke liegt das *Grusellabyrinth*, das ich bereits kenne. 20 Kilometer nördlich von hier steht der *Movie Park Germany*, ein Film- und Freizeitpark mit Fahrgeschäften und explosiven Stuntshows. Beim Weiterscrollen stoße ich schließlich auf das Foto von einem seltsam schlanken Gebäude, das ich auf der Busfahrt hierher schon gesehen habe. Auf der Fassade prangen die Worte *Indoor Skydiving*. Und plötzlich ergibt doch wieder alles einen Sinn: Gehört zu einer richtigen Weltreise nicht auch dieses eine unvergessliche Erlebnis? Ein bisschen lebensgefährlich und mit jeder Menge Nervenkitzel. Etwas Außergewöhnliches, das man später ungefragt bei jeder Gelegenheit erzählen würde. So etwas wie Fallschirmspringen!

Genau das geht in diesem schmalen, hohen Gebäude. Beim *Indoor Skydiving* legt man sich horizontal in einen Windkanal, während einem 280 km/h schneller Wind von unten um die Ohren ballert. Der Wind trägt einen wie beim freien Fall aus dem Flugzeug. Das muss der absolute Adrenalinkick sein. Und überhaupt: Ein simulierter Fallschirm-sprung auf einer simulierten Weltreise – das passt doch per-fekt zusammen.

Es ist einiges los, als ich dort im Foyer ankomme. Die ha-ben wohl auch alle ihre Handschuhe vergessen. Der Wind-kanal ist rund und gläsern, sodass man hier schon hineingu-cken kann. Einer, der das offenbar schon häufiger gemacht hat, schwebt gerade in drei Metern Höhe durch den Glas-zylinder. Ein Monitor zeigt eine Windgeschwindigkeit von 230 km/h an. Der Mann macht da drin die verrücktesten Fi-guren. Einmal steht er auf dem Kopf und fliegt so an der Innenseite der Scheibe im Kreis. Dann lässt er sich vom Wind nach oben tragen und verschwindet im unsichtbaren Teil des 17 Meter hohen Tunnels, um im nächsten Moment im Sturzflug wieder aufzutauchen und drei Pirouetten am Stück zu drehen. Wie abgefahren! Mir dreht sich der Magen um, wenn ich daran denke, da auch gleich reinzugehen. Ich kann überhaupt nicht fassen, dass es sich bei diesem Objekt um einen menschlichen Körper handelt, der wie ein win-ziges, unbedeutendes Staubkörnchen durch die Gegend ge-wirbelt wird und alle physikalischen Kräfteverhältnisse auf den Kopf stellt – im wahrsten Sinne des Wortes.

Die Frau an der Kasse sagt, die nächste Gruppe sei schon voll. Eine halbe Stunde später wäre aber noch ein Slot frei. Zwei Minuten fliegen kosten 59 Euro. Ui, das ist nicht wenig, denke ich. Aber was soll's. Genau genommen habe ich in der Skihalle 99 Euro für Eintritt und Handschuhe gespart. Sie reicht mir das Kontaktformular und bittet mich, die Teilnah-mebedingungen gegenzuzeichnen. Darin steht, dass dies ein Sport mit der künstlich hergestellten Naturgewalt Wind ist, Verletzungen passieren können und ich hier alles auf eigene Gefahr mache. Mein Blick wandert noch mal zu dem Verrückten im Windkanal, ich muss schlucken. Dann aber entdecke ich zwei etwa zehnjährige Jungs und ein vielleicht sechsjähriges Mädchen, die offenbar auf ihren Flug warten. Ich gebe mir einen Ruck und unterschreibe den Wisch.

»Hallo, ich bin Tobi«, ruft kurze Zeit später ein Mann mit dunklen Haaren und Pferdeschwanz durchs Foyer und zählt die Namen auf, die in seine Gruppe gehören. Meiner ist auch dabei.

»Wer von euch ist zum ersten Mal hier?«, fragt Tobi. Alle melden sich, dann sagt er: »Das trifft sich gut, ich nämlich auch.« Die Gruppe schmunzelt. Klassischer Einstiegsgag, erst mal warm werden. Tobi stattet uns mit allem aus, was wir brauchen: rot-grauer Overall, Haarnetz und Helm, Schutzbrille und Ohrstöpsel. »Es wird ohrenbetäubend laut im Windkanal«, erklärt er.

Nachdem wir uns umgezogen haben, treffen wir uns im Schulungsraum wieder, wo Tobi uns einige Anweisungen gibt.

»Wegen der Lautstärke können wir uns nur mit Zeichensprache verständigen. Außerdem würden euch Lippen und Wangen in alle Richtungen schlabbern, sobald ihr den Mund aufmacht.«

Jeder von uns wird zweimal fliegen, für jeweils eine Minute. Wichtig sei, beim Auf-dem-Wind-Liegen das Becken immer nach vorne zu drücken und eher im Hohlkreuz zu

143

sein, als einen Buckel zu machen. Kinn hoch, Kopf in den Nacken, Beine ausstrecken.

»Erst wenn ich so mache, zieht ihr die Beine etwas ran.« Tobi macht mit Zeige- und Mittelfinger eine Bewegung, als würde er Anführungszeichen imitieren. »Das erkläre ich euch aber auch alles noch mal, wenn wir hinter der Schleuse sind.«

Die Schleuse ist ein Zwischenraum, der das Foyer vom eigentlichen Windkanal abgrenzt. Warum sie nötig ist, spüren wir sofort, als die zweite Schleusentür aufgeht. Hier zieht's ordentlich, alle 16 Sekunden wird die Luft einmal komplett ausgetauscht. Das ist auch der Grund, warum wir im Windkanal unsere Masken abnehmen dürfen. Wir nehmen nebeneinander auf einer schmalen Bank Platz, Tobi legt die Startreihenfolge fest.

Ich bin nach der Mutter mit dem kleinen Mädchen aus dem Foyer dran und erlaube mir deshalb nicht, ein mulmiges Gefühl zu haben. Schließlich hat sich gerade eine Sechsjährige in diesen heftigen Sturm hinter der Scheibe gewagt. So ganz unterdrücken kann ich es trotzdem nicht.

Tobi zeigt mir an, dass ich die Arme in die Luft heben, das Becken nach vorne strecken und mich dann einfach nach vorne fallen lassen soll. Es kostet mich kurz Überwindung, aber dann spüre ich, wie mich der kräftige Wind von unten sofort trägt. Meine Beine heben ab – und ich schwebe. Was für ein unwirkliches Gefühl!

Der Luftstrom reißt unaufhörlich an mir, meine Arme und Beine schlackern unkoordiniert durch die Gegend. Der Bildschirm zeigt 183 km/h an. Tobi hilft mir, mich richtig zu positionieren, sodass ich ausreichend Stabilität habe, und lässt mich dann los. Jetzt liege ich fast wie ein Brett auf dem Wind und fliege tatsächlich ganz allein, so als hätte ich Flügel. Es muss für meinen Körper höllisch anstrengend sein, gegen den Luftstrom anzukämpfen. Davon spüre ich aber nichts, weil ich bis oben hin mit Adrenalin voll bin. Nur meine Lippen und Wangen beginnen, wie von Tobi angekündigt, im Wind zu schlabbern, weil ich nicht anders kann, als dick und breit zu grinsen.

Ich habe schon mein ganzes Leben lang diesen Traum vom Fliegen. Ich meine das wörtlich: Ich träume regelmäßig nachts davon und fliege dann über Städte und Wälder, gerade so hoch über den Baumwipfeln und Dächern, dass ich ihnen sehr nah bin, sie aber nicht streife. Wie beim Schwimmen kann ich mit einer Froschbewegung der Beine Schwung holen, und mit dem Neigen des Kopfes lenke ich nach links oder rechts. Dieser Zustand hier im Windkanal kommt dem Gefühl in solchen Träumen extrem nah. Nur dass es jetzt wirklich real ist.

Tobi zeigt mir, dass ich den Kopf etwas nach rechts neigen soll, und tatsächlich dreht sich mein Körper dadurch nach rechts. Das Lenken funktioniert wirklich so wie in meinem Traum! Ich drehe den Kopf ein Stück nach links, und mein ganzer Körper dreht sich nach links. Wie ab-ge-fah-ren!

Ich wünsche mir, dass dieser Flug niemals aufhört. Doch die erste Minute ist schnell vorbei, Tobi fängt mich mit einer einfachen Handbewegung wieder ein und führt meinen

Körper Richtung Ausgang. Mit einem Satz lande ich zurück in der Schwerkraft, auf der Erde.

Wow, erst mal durchatmen.

Ich laufe an meiner Gruppe vorbei, um mich wieder anzustellen, und weiß überhaupt nicht, wohin mit meinen Gefühlen. Während die Familien, Pärchen und Geschwister um mich herum dieses Glück direkt nach dem Flug miteinander teilen können, muss ich mit mir alleine klarkommen. Das klappt normalerweise sehr gut, aber jetzt gerade wünsche ich mir jemanden, den ich drücken könnte. Es sind einfach zu viel Adrenalin, Endorphin und Dopamin in meinem Körper unterwegs. Ich bin eben geflogen, das war außerirdisch!

In der zweiten Runde lernen wir, wie man an Höhe gewinnt. Tobi wickelt seinen Arm um meine Schulter und legt die andere Hand auf die Innenseite meines Oberschenkels, sodass unsere beiden Körper ein T formen. Er gibt seinem Kollegen in der Schaltzentrale das Zeichen, dass der den Wind auf 230 km/h hochdrehen soll. Es wird noch lauter, und ich habe das Gefühl, dass mich der stramme Luftzug gleich schälen wird, so sehr reißt der Wind an meiner Haut. Aber es muss so sein, denn jetzt übernimmt Tobi die Kontrolle über uns beide und schenkt mir einen weiteren unglaublichen Adrenalinkick.

In unserer T-Formation fliegt er mit mir rauf in den Windkanal, bestimmt fünf oder sechs Meter hoch, bevor wir im freien Fall wieder Richtung Boden stürzen. Dabei drehen wir uns im Kreis. Als wir wieder unten sind, geht der Spaß noch mal von vorne los. Wir rasen erneut hoch ins dritte Stockwerk und fallen ins Bodenlose. Nach einer dritten Runde befördert mich Tobi mit einer gekonnten Bewegung wieder aus dem Kanal heraus, und ich bin dem Sturm entkommen.

Ich setze mich ans Ende der Bank, mein Körper zittert, und das Herz pocht wie verrückt. Ich war selten so glücklich und gleichzeitig so fix und fertig. Dieses absolut unnormale Körpergefühl von heute will ich unbedingt immer wieder spüren. Das war ganz sicher nicht mein letztes Mal Indoor-Skydiven.

Als ich mich am Ende des Tages wieder auf den Weg zurück in mein Hotel nach Alpen mache, muss ich einsehen, dass sich die Alpen – oder das, was ich mir unter einem Urlaub in den Alpen vorstelle – in Nordrhein-Westfalen nicht so einfach imitieren lassen. Erst dieser erlebnisarme Ort am Niederrhein, dann das Pech mit der Skihalle und der Sommerrodelbahn. Der Tag fing schwach an und ließ dann stark nach – aber am Ende hätte mir gar nichts Besseres passieren können.

Nur so konnte ich heute fliegen lernen.

Afrika

liegt im Ruhrgebiet

»It's gonna take a lot to drag me away from you,
there's nothing that a hundred men or more could ever do.
I bless the rains down in Africa,
gonna take some time to do the things we never had.«

Toto – »Africa«

Hätte ich mich für die bisherigen Stationen der Reise wirklich um den Globus bewegt, stünde mein Kilometerzähler bereits auf der komplett unwirklichen Zahl von knapp 100000 Kilometern. Aber auch von der tatsächlichen innerdeutschen Distanz bin ich durchaus beeindruckt: Seit knapp 1400 Kilometern bin ich nun schon in unserem Land unterwegs. Dabei gerät heute endlich mal wieder alles in geregelte geografische Bahnen, denn hinter den Alpen kommt man irgendwann nach Afrika.

Ich stehe morgens um acht Uhr an Alpens Bahnhof, als sich die gelb leuchtenden Buchstaben der Bahnsteiganzeige melden: »RB31 nach Duisburg Hbf heute ca. 20 Minuten später«. Ich merke, wie mich diese Meldung sofort wieder nervt, nachdem in den letzten Tagen endlich mal alle Bahnfahrten reibungslos geklappt hatten. Heute ist der einzige Tag, an dem zeitlich wirklich nichts schiefgehen darf. Ich habe die einzige feste Verabredung der Reise, einen Interviewtermin mit einem Politiker. Mit 20 Minuten Verspätung könnte ich noch leben, aber viel mehr sollte lieber nicht dazwischenkommen.

Der Zug kommt und kommt nicht. Nach über einer halben Stunde Verspätung verschwindet die Anzeige ersatzlos, als würde sie sagen wollen: Ich habe nie behauptet, dass hier heute ein Zug kommt. Ich rufe die Service-Hotline der Nord-WestBahn an, und die Mitarbeiterin bestätigt meinen Verdacht, dass der Zug ausfällt. Der nächste würde planmäßig eine Stunde später fahren, darüber habe sie aber noch keine genauen Informationen. Ich stöhne und erzähle von meinem Termin, woraufhin sie mir empfiehlt, ein Taxi zu nehmen und später eine Erstattung zu beantragen.

»Und Sie garantieren mir, dass die Kosten übernommen werden?«, hake ich misstrauisch nach.

»Nein, ich garantiere Ihnen gar nichts«, sagt die Frau. »Das machen Sie auf eigenes Risiko.« Na, schönen Dank auch.

Das Taxameter kommt ordentlich auf Touren, als wir auf der A57 Richtung Duisburg brettern. Schon 43 Euro – bei Tempo 160.

»Wundern Sie sich nicht, wenn ich etwas schneller fahre«, ruft mir der Taxifahrer nach hinten. »Ich muss für meinen nächsten Fahrgast um zehn Uhr schon wieder zurück in Alpen sein.«

»Kein Problem«, sage ich. »Dann wollen wir ja beide, dass es flott geht.«

Mit dem Wechsel auf die A40 steht die Fahrpreisanzeige bei 51 Euro, das Tachometer bei 170. Am Ende komme ich eine Viertelstunde zu spät und um knapp 80 Euro ärmer an meinem Ziel an.

Nach Schenkelklopfern à la »So günstig ist noch niemand nach Afrika gekommen« ist mir nicht zumute. Im Gegenteil: Bahnfahren ist und bleibt eine immense Geduldsprobe. Mir ist klar, dass bei einem so großen Schienennetz wie dem in Deutschland nicht immer alles reibungslos klappen kann. Viel zu oft aber agiert die Bahn so unglaublich dilettantisch, dass man es kaum glauben kann. Da werden Züge einfach von der Anzeige gestrichen, und man steht als Fahrgast wie ein Trottel da. Wenn man dann bei Mitarbeitern am Servicetelefon Hilfe sucht, wird einem oft vermittelt: »Ich kann nichts für Sie tun. Es ist in erster Linie Ihr Problem, nicht meins.« Am Ende wird mir die NordWest-Bahn gerade mal 30 Euro erstatten. Danke für nichts.

Musikfans wissen: Auf jedem Album gibt es mindestens einen Track, der nicht in die Struktur der restlichen Songs passt – weil er zu mollig und traurig, zu düster und mystisch oder schlicht nicht so eingängig wie die anderen ist. Vielleicht ist dieses Kapitel dieser eine disharmonische Song auf einem ansonsten fröhlichen Weltreise-Album. Bisher war ich ausschließlich an Orten, die im engeren oder zumindest weiteren Sinne touristisch waren, ich bin immer mit einem positiven Gefühl hingefahren. Das könnte sich heute ändern.

Dr. Sebastian Ritter wartet geduldig an sein Fahrrad gelehnt am vereinbarten Treffpunkt, der Kreuzung von Swakopmunder Straße und Lüderitzallee in Duisburg-Buchholz.

Er ist 38, Grünen-Politiker in der Bezirksvertretung Duisburg-Süd und wird wenige Wochen nach unserem Treffen zum dritten Duisburger Bürgermeister gewählt werden. Vor allem aber ist er hier groß geworden, in der Afrikasiedlung.

»Wie war es für dich, hier aufzuwachsen?«, frage ich Sebastian.

»Ich hatte eine fantastische Kindheit«, erzählt er. »Es ist eine ganz normale bürgerliche Wohngegend. Ich musste mich nie um etwas sorgen und kenne alle Leute persönlich.« Aber: Es mache die politische Arbeit im Viertel nicht unbedingt leichter, wenn man zu fast jedem Bewohner einen persönlichen Bezug habe. Das hat Sebastian Ritter vor ein paar Jahren zu spüren bekommen.

Die Straßen in der Afrikasiedlung tragen Namen wie Windhuker Straße und Waterbergpfad, Otawistraße oder eben Lüderitzallee und Swakopmunder Straße. Falls es dabei nicht direkt bei jedem klick macht, könnte das daran liegen, dass die deutsche Kolonialgeschichte in Afrika im Geschichtsunterricht oft nur knapp behandelt wird. Diese Straßen heißen wie ehemals deutsch besetzte Orte in Namibia. Sie tragen also Namen, die an eine grausame und menschenfeindliche Zeit der deutschen Geschichte erinnern.

Seinen Anfang nahm das Wohngebiet 1936 zur Zeit des Nationalsozialismus, als der damalige Duisburger Polizeipräsident darüber verfügt haben soll, die Straßen nach der ehemaligen Kolonie Deutsch-Südwestafrika, dem heutigen Namibia, zu benennen. Grund dafür dürfte nostalgisch-zweifelhaftes Gedankengut gewesen sein, denn die deutsche Kolonialzeit war bereits seit dem Ende des Ersten Weltkriegs, also seit fast zwanzig Jahren, vorbei. Trotzdem wurden 1959 weitere Straßen gebaut und auch dann noch nach ehemaligen Kolonialstädten und -inseln in Tansania, Togo und Gabun benannt. Während man die nahe gelegene Braunauer Straße, benannt nach Hitlers Geburtsort, nach dem Ende des Zweiten Weltkriegs in Münchener Straße umgetauft hatte, heißen alle Straßen in der Afrikasiedlung heute noch immer so wie damals.

»Um ehrlich zu sein, glaube ich, dass man sich in diesem Arbeiterviertel Ende der 1950er-Jahre einfach keine Gedanken über die Benennung der neuen Straßen gemacht hat«, sagt Sebastian entschuldigend, als wir die Lüderitzallee hochlaufen. »Sie hießen dann eben einfach Lambarenestraße und Lomestraße – ganz ehrlich, da kommen bei mir auch nicht sofort Assoziationen zu Afrika auf.« Ich muss ihm recht geben. Auch ich musste googeln, um herauszufinden, dass Lambaréné in Gabun, Lomé in Togo und Mafia und Pemba Inseln vor Tansanias Küste sind.

Aber 2018, als für das Neubaugebiet an der Lüderitzallee wieder ein neuer Straßenname gefunden werden musste, war es bei Sebastian Ritter so weit, dass er in der Bezirksvertretung den Mund aufgemacht hat.

»Die Stadtverwaltung schlug den Namen Lüderitzpfad vor, einfach aus systematischen Gründen, weil dieser neue Weg eben von der Lüderitzallee abgehen sollte«, erzählt Sebastian. »Da habe ich gesagt: Leute, wir können doch im Jahr 2018 keine neue Straße mehr nach Adolf Lüderitz benennen.«

Franz Adolf Eduard Lüderitz war ein Bremer Tabakwarenhändler und der erste deutsche Kolonist im heutigen Namibia. Mit dem sogenannten Meilenschwindel kaufte er dem einheimischen Nama-Volk 1883 eine Bucht in Südnamibia ab. Die Nama gingen bei der vereinbarten Größenangabe des Landstrichs von der englischen Meile aus, die bekanntermaßen 1,6 Kilometer umfasst. Lüderitz aber meinte stillschweigend die 7,5 Kilometer lange deutsche Meile und knöpfte ihnen damit auf betrügerische Weise mehr als viermal so viel Land ab. Die Region und die nach ihm benannte Stadt Lüderitz wurden zur Keimzelle des wachsenden Deutsch-Südwestafrika, das ein Synonym für Ausbeutung und Unterdrückung und später sogar für den ersten Völkermord des 20. Jahrhunderts wurde.

»Du kannst dir nicht vorstellen, was ich mir nach meinem Vorstoß anhören musste«, erzählt Sebastian. »So ein Vorgarten-Nazi aus der Siedlung hat heftig gegen mich agitiert und eine Unterschriftenaktion gegen meinen Vorschlag gestartet.« In dem Schreiben des Anwohners soll unter anderem gestanden haben, dass Lüderitz durch die Gründung der Kolonie auch die Zivilisation nach Südwestafrika gebracht habe – genauso wie die Nazizeit neben ihren verabscheuungswürdigen Verbrechen auch einzelne gute Ereignisse hervorgebracht habe.

»Die Härte war, dass sich die CDU-Fraktion auch auf dieses ungeheuerliche Schreiben berief«, sagt er. Am Ende stand sie aber alleine da, die Mehrheit in der Bezirksvertretung stimmte Sebastians Vorschlag zu. Der geplante Lüderitzpfad heißt heute Mandelas Pfad und steht damit für eine der größten Persönlichkeiten Afrikas und ihren Kampf für

Gleichberechtigung. »Mandelas Pfad durchschneidet jetzt buchstäblich die Afrikasiedlung. Das ist ein tolles Symbol und politisch mein bisher größtes Werk«, sagt Sebastian Ritter stolz. Es sei etwas Besonderes, in seinem Heimatviertel etwas Positives bewirkt zu haben.

Optisch ist die Afrikasiedlung einer der wenigen Orte, an denen ich keinerlei Ähnlichkeiten oder Anspielungen auf das Original erwartet habe. Aber so kann man sich täuschen: Alle Stromkästen sind in einem leuchtenden Sonnenuntergangsorange bemalt und mit den typischen Affenbrotbäumen oder Tieren der afrikanischen Savanne verziert. Man scheint also durchaus zu versuchen, die positiven Assoziationen zu diesem faszinierenden Kontinent herauszuarbeiten.

»Huch, was ist das?«, fragt Sebastian überrascht, als wir von der Lüderitzallee in die Windhuker Straße einbiegen, in der sein Elternhaus steht. Eine kleine Spitzmaus torkelt vor unseren Füßen durch die Gegend, sie wirkt desorientiert. »Moment, da müssen wir was tun«, sagt Sebastian, der auch Biologielehrer ist. Er läuft in den Keller seiner Eltern, kommt mit Eimer und Schaufel zurück und verfrachtet das hilfsbedürftige Tier kurzerhand von der unwirtlichen Steinwüste – einer Hausauffahrt – in eine saftig-grüne Oase – die nächstgelegene Hecke.

Echtes Wildlife hier in Afrika, ich bin beeindruckt.

Neben Sebastians Elternhaus führt der Waterbergpfad entlang, der den zweifellos problematischsten Namen des Viertels trägt. Als »Schlacht am Waterberg« bezeichnet man das letzte Aufeinandertreffen der kaiserlichen Schutztruppe für Deutsch-Südwestafrika mit dem Volk der Herero im Jahr 1904. Nach einigen Monaten des Kolonialkriegs hatten sich die Herero am Waterberg versammelt. Die Deutschen planten, die Menschen einzukesseln und sie in einem finalen Kampf zu vernichten. Als das misslang und die Herero in die benachbarte Omaheke-Wüste fliehen konnten, riegelten die Deutschen die Wüste schließlich ab und ließen die über 60000 Menschen verdursten. Die Schlacht am Waterberg wird daher als erster Völkermord des 20. Jahrhunderts gewertet.

»Würdest du gerne alle Straßen umbenennen, wenn du könntest?«, frage ich Sebastian.

»Ja«, antwortet er, ohne zu zögern. »Ich weiß aber, dass das politisch nicht umsetzbar ist. Es wäre ein unglaublich aufwendiger und teurer Vorgang.« Man würde damit von allen Bewohnern verlangen, sich überall umzumelden, neue Visitenkarten zu drucken und so weiter. Dafür würde er keine Mehrheit gewinnen können. »Außerdem gibt es da auch noch die emotionale Komponente. Die Tochter dieses Vorgarten-Nazis, mit der ich übrigens zur Grundschule gegangen bin, sprach mich irgendwann an und erklärte mir sachlich und glaubwürdig, dass es nicht egal wäre, wenn der Waterbergpfad plötzlich anders hieße. Schließlich würden an dem Namen auch lebenslange Erinnerungen hängen. Den Gedanken konnte ich nachvollziehen, denn auch ich habe mit meinen Jungs hier einmalige Dinge erlebt, die untrennbar mit dem Namen Waterbergpfad zu tun haben.«

Die Umbenennung ist für Sebastian Ritter also vom Tisch, er will aber erwirken, dass unter einigen Straßennamen Erinnerungstafeln angebracht werden: »Das dürfte ein einfacher Beschluss werden, durch den wir die Straßenschilder zu Mahnmalen machen können.«

Vielleicht ist das sogar die beste Idee. Die Namen einfach auszulöschen, so wie die Deutschen damals die indigenen Völker in Afrika, wäre womöglich zu einfach. Lieber ein Zeichen setzen – für die Aufklärung über die Hintergründe der Straßennamen und gegen das Vergessen. So klingt mit diesem hoffnungsvollen Ansatz sogar dieser etwas sperrige Albumtrack am Ende doch noch mit einem fast harmonisch schnurrenden Dur-Akkord aus.

Little Tokyo

Alles im Ramen

»Things will happen while they can,
I will wait here for my man tonight.
It's easy when you're big in Japan.«

Alphaville – »Big In Japan«

Nach dem ohrenbetäubenden Knall in tiefschwarzer Dunkelheit wurde es hinter dem schweren Samtvorhang endlich ein bisschen ruhiger. Doch noch bevor ich wieder Herr der Lage werden konnte, klickten Handschellen an meinem Handgelenk. Begleitet von einer lauten Sirene, verstörenden Rhythmen aus dem Deckenlautsprecher und einer Politesse im knappen Minirock wurden Chika und ich in eine winzige Zelle gesperrt – ausgestattet mit Funzellicht, zwei Stühlen und einem Tisch. Erst jetzt bekamen wir einen Moment zum Durchatmen. Man reichte uns die Speisekarte.

2013 war ich mal für zehn Tage in Japan und fasziniert von diesem traditionellen und disziplinierten und dann wieder unglaublich verrückten Land. In Tokio zum Beispiel geht man nicht einfach nur essen, man erlebt den Besuch im Restaurant. Mit meiner japanischen Bekannten Chika hatte ich einen Tisch im Gefängnisrestaurant *The Lockup* reserviert, in dem man dem Gast erst den Magen umdreht, bevor man ihn füllt.

»Vielleicht liegt es an unserem strikten Alltag, dass wir in der Freizeit extremer als andere unterhalten werden wollen«, hatte Chika dieses Phänomen damals zu erklären versucht. Auf der Karte standen Speisen wie Pasta mit essbarem Augapfel garniert, giftig brodelnde Flüssigkeiten im Reagenzglas als Getränk und mit hochprozentigem Schnaps gefüllte *Suicide Pills*. Noch bevor unser Essen kam, wurde es stockfinster, und die laute Sirene ertönte erneut. Bewaffnete Männer mit Horrorfilmmasken simulierten einen Gefängnisausbruch. Während sie umherirrten und mit Platzpatronen um sich schossen, hörte ich aus den hinteren Zellen die lauten Schreie anderer Gäste. Ich erinnere mich, wie mein Blick zu Chika wanderte, ich sie aber nicht mehr sehen konnte. Sie hatte sich aus unserem Tisch und ihrer Handtasche eine Barrikade gebaut. Sicher ist sicher.

Ich habe Tokio geliebt. Stundenlang saß ich im ersten Stock bei *Starbucks* und habe auf die berühmte Straßenkreuzung in Shibuya geschaut. Erst schießen Busse, Taxen und LKW an den LED-blinkenden Häuserfronten vorbei und über die Zebrastreifen der Kreuzung, und dann plötzlich strömen aus zehn verschiedenen Richtungen Tausende Menschen von A nach B nach C nach D. Ich schwor mir damals, dass ich wiederkommen würde.

Während man in Japan am besten und schnellsten mit dem Turbozug Shinkansen unterwegs ist, tut's zwischen Duisburg und Düsseldorf die S-Bahn. Ich falle gerade erst aus dem Düsseldorfer Hauptbahnhof, da stehe ich schon fast mitten in Japan. Direkt am Bahnhofsvorplatz startet die Immermannstraße, das Zentrum von Little Tokyo. Deutsche Straßenlaternen werden plötzlich durch orangefarbene

Lampions ergänzt, die vor einer Ladenzeile baumeln. Die Schriftzeichen verraten mir nichts über die Geschäfte, die sich hier aneinanderreihen. Ich kann oft nur anhand der Auslage im Schaufenster erahnen: Buchhandlung und Zuckerbäcker, Manga-Café und Dekoladen. Das Japan-Gefühl ist sofort wieder da, ich bin *lost in translation*. Das ist einzigartig in Deutschland.

Fragt sich nur: Warum gibt es Little Tokyo hier überhaupt?

Die Geschichte geht in die Mitte des 19. Jahrhunderts zurück, als ein Düsseldorfer Geschäftsmann nach einigen Jahren in Japan in seine Heimatstadt zurückkehrte und in Düsseldorf ein japanisches Handelshaus eröffnete. So entstanden erste Beziehungen zwischen Nippon und Nordrhein-Westfalen. Es dauerte allerdings noch bis zum Ende des Zweiten Weltkriegs, bis sich vermehrt japanische Unternehmen in Düsseldorf ansiedelten und die Stadt zum wichtigsten japanischen Handelszentrum in Europa heranwuchs. Seit Ende der 1960er-Jahre zogen mehr und mehr Menschen aus Fernost im Auftrag ihrer Arbeitgeber an den Rhein, eröffneten Restaurants und Nagelstudios, bauten Tempelanlagen und Karaokebars, um sich fernab der Heimat ein wenig heimisch zu fühlen. Heute leben rund 8500 Japaner in Little Tokyo und machen es zur drittgrößten japanischen Gemeinde Europas, nach denen in London und Paris.

Nach wenigen Gehminuten stehe ich vor dem *Hotel Nikko*, das sich im Gebäude des deutsch-japanischen Zentrums befindet und meine heutige Unterkunft ist. Wenn schon Japan, dann richtig, dachte ich eigentlich bei meiner Planung und hatte mich auf die Suche nach einem japanischen Gasthaus oder Ähnlichem gemacht. Die traditionellen Ryokans und Minshukus zogen sich damals als roter Faden durch meine Japanreise. Ich wohnte bei Familien, aß mit ihnen im Schneidersitz an niedrigen Tischen fermentierte Sojabohnen und schlief auf dünnen und harten Tatami-Matten. So etwas scheint es in Düsseldorf aber nicht zu geben. Lediglich zwei japanische Großhotels waren das Ergebnis meiner Recherche.

Von außen ist das *Hotel Nikko* ein grober, wenig charmanter Klotz, in der Lobby aber finde ich ein überraschend klares Design, irgendwie fernöstlich und modern, wenig Schnickschnack, eher dunkel. An der Rezeption arbeitet eine Deutsche, die gerade eine Mutter mit ihrem Sohn eincheckt. Vor mir in der Schlange warten zwei Asiaten, und ich ertappe mich bei der Frage, ob die Rezeptionistin für die beiden gleich ihr allerfeinstes Japanisch herausholt. Gehört hier doch sicher zu den Einstellungskriterien. Aber nein, sie sprechen einfach Englisch.

Als ich an der Reihe bin, fragt sie mich, ob ich lieber ein Zimmer mit Dusche oder mit Badewanne hätte. Ich überlege einen kurzen Moment, weil ich im Bezug auf das Badezimmer eigentlich einen anderen heimlichen Wunsch habe. Allerdings traue ich mich nicht zu fragen und sage deshalb nur: »Dusche ist völlig okay, danke!«

»Hm«, hakt die Frau nach. »Ich hätte im neunten Stock ein Zimmer mit Kingsize-Bett und tollem Ausblick über Düsseldorf, in das ich Sie kostenfrei upgraden könnte. Es hat allerdings eine Badewanne. Wäre das ein Problem für Sie?« Schwierige Frage. Amüsiert antworte ich: »Nein, das könnte ich gerade so verkraften.«

Das Zimmer ist klasse. Auch hier puristisches Design, luxuriöse Ausstattung und beim Ausblick über die Stadt hat die Frau nicht untertrieben. Ich muss jetzt aber erst einmal das Badezimmer inspizieren und hoffe, dass sich mein heimlicher Wunsch erfüllt. Ich war in Japan nämlich fasziniert von den Hightech-Toilettenduschen, die dort schon vor Jahren in fast jedem Hotel- und Gästezimmer Standard waren. Per Fernbedienung kommt aus dem hinteren Teil der Klobrille ein kleiner Duschkopf gefahren, mit dem man sich nach dem Toilettengang untenrum sauber machen kann. Fand ich super – nur einmal bin ich aus Versehen auf den Knopf für Frauen gekommen, das war unangenehm. Diese Toiletten-Erfahrung hätte ich gerne noch mal aufgefrischt – im wahrsten Sinne des Wortes. Leider entdecke ich hier im Bad nur eine ganz normale mitteleuropäische Toilette ohne eingebautes Bonuslevel in der Klobrille.

Die bunten Shops der Immermannstraße hebe ich mir für später auf. Ich bin in den Abendstunden mit einem Japaner verabredet, der mir sein Little Tokyo zeigen wird. Den Nachmittag vertreibe ich mir auf einem Mietroller, mit dem ich kreuz und quer durch Düsseldorf fahre. Einige japanische Orte befinden sich nämlich außerhalb des Stadtzentrums, zum Beispiel der Japanische Garten im Nordpark unweit des Rheinufers.

Eine Infotafel bringt mir bei, dass europäische Gärten

und Parks in der Regel so angelegt seien, dass sie die Auseinandersetzung des Menschen mit der Natur und letztlich ihre Beherrschung symbolisieren. In einem japanischen Garten gehe es um das genaue Gegenteil, nämlich dass sich der Mensch beim Schlendern durch die Anlage eins mit der Natur fühle, weil er Bestandteil von ihr ist. Elemente eines japanischen Gartens seien Felsen und Wasser als Symbole für Berge und Meer, oft gebe es auch einen Wasserfall und eine Insel, auf die man über eine Brücke gelangt. Ein japanischer Garten verleihe dem Betrachter so von jedem Standort aus eine in sich geschlossene Perspektive.

Ich bin mir sicher, dass das hier normalerweise genau so ist, der Japanische Garten im Nordpark ist bestimmt ein wirklich idyllischer Ort. Nur leider lässt mich das Düsseldorfer Gartenamt kein Japan-Gefühl entwickeln. Egal, an welchem Punkt ich stehe, die in sich geschlossenen Perspektiven werden stets durch einen orangefarbenen Transporter und zwei Landschaftsgärtner in grüner Arbeitskleidung gestört. Ausgerechnet heute scheint die jährliche Grundreinigung stattzufinden: Der plätschernde Wasserfall wurde abgestellt, die Wasserbecken sind komplett entleert, überall liegen geöffnete Ablaufgitter und gelbe Gartenschläuche in der Gegend herum. Ich kann nicht gerade behaupten, dass ich meinem Zen-Zustand so näher komme.

Auf der anderen Rheinseite liegt das zweite wichtige kulturell-religiöse Zentrum, das EKŌ-Haus der Japanischen Kultur. Es umfasst ebenfalls einen japanischen Garten, mehrere Veranstaltungsräume und einen buddhistischen Tempel. Hier finden sonst bunte Feste und Ausstellungen,

Seminare und religiöse Zeremonien statt. Das ist im Moment natürlich anders. Das Haus ist geschlossen, nur aus dem japanischen Kindergarten nebenan höre ich Gekreische und Gejohle. Ich laufe am Gebäude vorbei, entdecke, dass die Außenanlage im hinteren Teil trotzdem geöffnet ist, und staune gewaltig, als ich plötzlich in einem wunderschönen, wahrhaftig echten japanischen Garten vor einem Tempelhaus stehe. Eine weiße Bogenbrücke führt über eine Teichanlage mit weißem Steinbett und japanischen Bäumen. Eingerahmt wird das Bild von zwei geschwungenen Pagodendächern.

Unter einem kleinen Pavillon steht die Statue des jungen Kronprinzen Shōtoku Taishi. Die Figur scheint einen religiösen Ort zu markieren, um sie herum liegen japanische Münzen, und über ihr sehe ich unzählige, an Leinen geknotete Taschentücher, auf denen etwas geschrieben steht. Vermutlich sind es Wünsche nach Gesundheit und Familienglück oder beruflichem Erfolg. Ich bin neugierig, verkneife mir aber natürlich aus Respekt nachzusehen.

Ich bin ganz alleine in der Anlage, nur ab und zu höre ich die Kinder des Kindergartens. Davon abgesehen herrscht absolute Stille, und das genieße ich sehr. Ich bin nicht religiös und verliere mich selten in der spirituellen oder energetischen Wirkung von Orten. Aber ich kann diesen Garten einfach als das genießen, was er ist: ruhig und schön.

15 Rollerminuten später bin ich zurück im Lärm und stehe mitten auf der Königsallee, Düsseldorfs protziger und oftmals ultrateurer Einkaufsstraße. Durch ihre Mitte verläuft

ein Kanal, der Stadtgraben, über den sich in regelmäßigen Abständen Brücken spannen. Auf einer von ihnen bin ich mit Ryo Hirota verabredet. Ryo ist der Freund einer Freundin einer Radiokollegin von mir, die aus Düsseldorf kommt. Ich hatte sie vor der Reise gefragt, ob sie zufällig jemanden aus Japan kennen würde. So ist der Kontakt zu Ryo zustande gekommen.

An ein Brückengeländer gelehnt steht der einzige Asiate weit und breit.

»Bist du Ryo?«, frage ich ihn.

»Ja, hallo«, antwortet er mit seinem Handy in der Hand. »Einen Moment bitte.« Ich nehme an, dass er noch kurz eine Nachricht zu Ende schreiben muss, wundere mich dann aber, dass er relativ hemmungslos auf seinem Telefon rumhämmert.

»So, Entschuldigung«, sagt Ryo schließlich. »Ich musste noch *Pokémon Go* zu Ende spielen.«

»Das spielt man wirklich noch?«, lache ich verwundert.

»Ja, ich glaube, die Deutschen haben das nur einen Sommer lang gespielt, dann war es wieder vorbei. Aber ich habe nie wieder aufgehört. Jetzt habe ich gerade ein Bonuslevel gespielt und 500 Punkte gewonnen.« Ich zeige mich verständnisvoll. Wenn sich hier auf der Kö gerade ein Pokémon befindet, dann muss es auch gefangen werden. Ist doch klar.

Ryo und ich begrüßen uns per Faust, das ist mir neben dem Ellenbogen seit Beginn der Pandemie in Fleisch und Blut übergegangen. Bei Ryo habe ich mir aber im Vorfeld lange Gedanken gemacht, wie wir uns Hallo sagen sollen.

Japaner haben sich zur Begrüßung schließlich auch vor Corona nie berührt.

»Ich finde das total spannend«, sage ich zu Ryo. »In Japan ist schon lange üblich, was sich in diesem Jahr auch im Rest der Welt durchgesetzt hat: keine Hände schütteln und Mundschutz tragen.«

»Ja, das liegt an der Distanziertheit der Japaner«, entgegnet Ryo. »Mir hat das zu Hause nie gefallen. Ich finde das in Europa viel schöner.«

Ryo ist Ende zwanzig, wohnt seit acht Jahren in Deutschland und ist hier schon viel rumgekommen. Nach einem Sprachkurs in Berlin ging es zum Musikstudium nach Karlsruhe und Leipzig. Ryo wollte nämlich hauptberuflich Posaunist werden und in deutschen Orchestern spielen, sie haben in Japan einen sehr guten Ruf. Leider musste er diesen Traum aus gesundheitlichen Gründen aufgeben und arbeitet jetzt im Japanischen Konsulat in Düsseldorf.

»Was möchtest du heute gerne sehen?«, fragt er mich, als wir uns auf den Weg Richtung Immermannstraße machen.

»Ich wünsche mir, dass du mir das japanische Leben hier so genau wie möglich zeigst. Ich würde gerne für einen Abend in Little Tokyo abtauchen, was auch immer das bedeuten könnte.«

»Alles klar, das kriegen wir hin«, sagt Ryo, und an seinen Augen erkenne ich, dass er unter der Maske schmunzeln muss.

Wir lassen uns treiben und laufen durch die Straßen. Dabei fällt mir auf, dass nicht jeder Shop in Little Tokyo japanisch ist. Zwischendurch gibt es immer mal eine deutsche

Bäckerei, ein pakistanisches Restaurant oder eine Bankfiliale. Aber dann wieder landen wir in einem japanischen Supermarkt, in dem ich plötzlich kein Wort mehr verstehe. Ich laufe durch Regalreihen mit schrillbunten Verpackungen, auf denen Schriftzeichen und lustige Gesichter prangen, Drei-Minuten-Terrinen und Wasabi-Chips, Knusperstangen mit Sesam und die volle Bandbreite *Hello Kitty*. Ich fühle mich wie damals in Tokio – oder wie in jedem anderen Land, in dem ich nichts lesen und nur anhand der Abbildungen erahnen kann, um was für Lebensmittel es sich handelt. Kulturclash vom Feinsten, ich liebe das so sehr!

Am Getränkeregal bleibe ich stehen, weil mir eine poppige, orangefarbene Brause ins Auge fällt.

»Das ist Ramune«, erklärt Ryo und spricht das Wort englisch aus, quasi *Remonay*. Das sei eigentlich nichts anderes als Orangenlimonade, die in Japan aber durch ein Missverständnis zum Kultgetränk wurde. »Wenn Ausländer in Japan ›Lemonade‹ bestellten, haben die Japaner das immer falsch verstanden. Deshalb heißt das Getränk bei uns Ramune.«

Super Geschichte, ich greife mir eine Flasche aus dem Regal und will zur Kasse gehen. Doch Ryo hält mich zurück: »Willst du dir nicht erst mal anschauen, wie du die Flasche aufmachen musst?« Er zeigt auf einen DIN-A4-Zettel, der neben dem Regal an der Wand hängt. Da wird tatsächlich mithilfe von Abbildungen und Schriftzeichen erklärt, wie ich an den Flascheninhalt herankomme.

Draußen verstehe ich, warum das nötig ist.

Ramune hat einen uralten Kugelverschluss, den es weltweit angeblich nur noch bei dieser und einer indischen Limonade gibt. Eine Glaskugel wird durch die Kohlensäure des Getränks nach oben gedrückt und verschließt so den Flaschenhals. Um die Flasche zu öffnen, muss ich den Druck entweichen lassen, indem ich die Kugel mit der Kraft meines Daumens in die Flasche hineindrücke. Daraufhin zischt es laut, und mir spritzt die Hälfte des klebrigen Inhalts über die Hand. Geschafft! Was für eine völlig unnötig komplizierte Art, ein Getränk zu verschließen. Das gefällt mir! Stinknormale Kronkorken können warten, bis ich wieder in Deutschland bin.

Es wird langsam dunkel, nach und nach gehen in Little Tokyo die Lichter an. Es ist aber nicht so LED-blinkend wie Shibuya, es sind eher die normalen Leuchtreklamen der Shops und die Lampions mit Schriftzeichen, die jetzt zum Vorschein kommen.

Wir laufen an einem Manga-Café vorbei, das seinen Matcha-Tee zurzeit nur außer Haus verkaufen darf. »Normalerweise treffen sich hier Manga-Fans und -Zeichner und tauschen sich aus«, sagt Ryo. Direkt nebenan entdecke ich ein japanisches Reisebüro, das den Namen *Fuji Rhein Travel* trägt und mit Bildern von deutschen Sehenswürdigkeiten für Kurztrips wirbt: Kölner Dom, Loreley, Schloss Neuschwanstein. Und Ryo zeigt mir seinen Lieblingsbäcker, der allerlei bunte Backwaren verkauft: grünes Melonenbrot zum Beispiel oder Matcha-Donuts.

»Auf jeden Fall«, sagt Ryo, »sind Brot und Brötchen aus Japan grundsätzlich weich und haben keine so harte Kruste wie in Deutschland.« Ich muss an die abgedroschene Floskel denken, dass ausgewanderte Deutsche auf die Frage, was sie am meisten vermissen würden, immer »Schwarzbrot« antworten.

»Vermisst du was, seitdem du nicht mehr in Japan lebst?«

»Nein«, sagt Ryo. »Wenn es geht, würde ich gerne für immer hierbleiben. Ich mag die Menschen und dass Deutschland zwar auch sehr fleißig ist, aber nicht ganz so verbissen wie Japan. Hier bleibt immer noch genügend Platz für Spaß. Außerdem reicht es mir, ab und zu nach Little Tokyo zu kommen und Landsleute zu treffen. Dann vermisse ich Japan eigentlich gar nicht mehr.«

»Hast du Hunger?«, wechsle ich das Thema.

»Ja, so langsam schon. Was wollen wir essen?«

»Sushi mag ich nicht so gerne, den Rest überlasse ich dir«, sage ich.

»Gut, dann gehen wir Ramen-Suppe essen«, bestimmt Ryo und zeigt mir den Weg.

Das *Takezo* scheint ein sehr beliebtes Ramen-Restaurant zu sein, wir müssen draußen Schlange stehen. Eine Kellnerin kommt raus, begrüßt mich kurz auf Deutsch, spricht dann aber mit Ryo Japanisch. Ihre Gesten verraten, dass sie uns anbietet, draußen zu sitzen – vermutlich weil es für einen Platz drinnen zu lange dauern würde. Wir willigen ein und nehmen einen Tisch auf dem Gehweg. Als die Kellnerin mit der Speisekarte wiederkommt, wendet sie sich weiterhin ausschließlich Ryo zu. Ein Phänomen, das ich sonst nur aus dem *echten* Ausland kenne, wenn man mit einem Local unterwegs ist. Wenn ein offensichtlich Fremder mit am Tisch sitzt, ist die Versuchung der Bedienung verständlicherweise oft groß, lieber mit dem Landsmann oder der

Landsfrau zu sprechen. Ich mag das. Ryo versucht, mich mit ins Gespräch zu holen, aber ich winke lächelnd ab: »Alles gut, du bestellst!«

Wenige Minuten später bekommen wir ein Getränk serviert. Es sprudelt und hat viele Eiswürfel, auf dem Boden des Glases schwimmt etwas Pflaumenartiges.

»Das ist Umeshu«, erklärt Ryo, »ein japanischer Likör, den ich uns als Longdrink bestellt habe.« Ich lerne, dass die Ume zur Gattung der Aprikosen und Pflaumen gehört. Rein optisch könnte es auch eine zu groß geratene Olive sein. Schmeckt aber zum Glück nicht so. Der Drink ist süß und lecker und hat so einige Umdrehungen.

»Zwei, drei Gläser davon und wir sind ganz schön betrunken, kann das sein?«, frage ich nach dem ersten Zug am Strohhalm. Ryo zuckt unschuldig mit den Schultern und sagt: »Kann sein, dass uns das später noch helfen wird.«

Als Hauptspeise hat Ryo Miso-Ramen bestellt, die uns in zwei Riesenschüsseln auf den Tisch gestellt werden. Ramen sind japanische Nudeln und Namensgeber dieser fetten, herzhaften Suppe. Bei Miso-Ramen ist die Besonderheit, dass die Suppe mit einer Miso-Paste aus fermentierten Sojabohnen angereichert wird. Ich erinnere mich, dass sich fermentiert, also vergoren, für mich schon damals in Japan nicht übermäßig lecker angehört hat und diese Sojabohnen zum Frühstück aufgrund der schleimigen Fäden, die sie ziehen, auch nicht sehr appetitlich aussahen. Geschmacklich hatten sich meine Befürchtungen aber glücklicherweise nicht bestätigt, es war außerordentlich schmackhaft. Außerdem sind fermentierte Lebensmittel bekanntermaßen sehr gesund.

Zwischen den Nudeln schwimmen in der heißen Suppe Weißkohl, Möhrenstückchen, Mais, Sojasprossen und ein hart gekochtes Ei. Ich kriege richtig Appetit, weil es sehr würzig riecht.

Ryo klemmt eine erste Ladung Nudeln zwischen seine Stäbchen und verleibt sie sich unverzüglich mit einem lauten Schlürfen ein. Leises Essen ist nämlich eine völlig unnötige europäische Tugend, die nach japanischem Verständnis sogar einen entscheidenden Zweck bei der Nahrungsaufnahme verfehlt.

»Ramen muss geschlürft werden«, erklärt Ryo. »Erstens kühlen die heißen Nudeln durch den Luftzug schneller ab, und zweitens schmeckt das Essen dann auch erst so, wie es schmecken soll.«

Was Ryo meint, ist *umami*, die fünfte Geschmacksrichtung neben süß, sauer, salzig und bitter. Wörtlich bedeutet der Begriff so viel wie »würzig« oder »köstlich«. Es ist wie bei einer Weinprobe oder einem Olivenöl-Tasting: Erst durch das schnelle Einziehen der Flüssigkeit und die damit verbundene Sauerstoffzufuhr kann der Geschmack im Mundraum seine volle Wirkung entfalten.

Die Aufforderung zum Schlürfen nehme ich ernst und versuche, es Ryo nachzumachen. Dabei spritze ich mit der Suppe, die von den umherschlackernden Nudeln tropft, in alle Richtungen. Nicht gerade coronakonform. Aber mit jedem *Schlürf* klappt es besser, und tatsächlich legt sich der würzige Geschmack durch diese Technik intensiver auf meine Zunge. Ich spüre sogar die verarbeiteten Chilis als kribbelige Schärfe im Rachen, wo sie ohne den Luftzug sonst gar nicht hingekommen wäre. Es ist wahnsinnig lecker. Zwischendurch spüle ich mit einem weiteren hochprozentigen Umeshu nach und bin richtig froh, Ryo getroffen zu haben.

»Wenn du satt bist«, sagt Ryo, als unsere Schüsseln restlos leer geschlürft sind, »lass uns weitergehen. Es gibt nämlich noch eine Sache, ohne die du Little Tokyo auf keinen Fall verlassen darfst.« Ich überlege, was er meinen könnte. Dabei ist seine Idee absolut naheliegend: »Im Keller deines Hotels gibt es eine Karaokebar.« Meine Augen fangen an zu leuchten.

»Oh ja, das ist eine super Idee!« Könnte sein, dass hier der Umeshu aus mir spricht.

An dieser Stelle noch ein putziger Vergleich: Die echte Metropolregion Tokio hat mit über 37 Millionen Menschen fast halb so viele Einwohner wie ganz Deutschland und eine Ausdehnung von knapp 120 mal 120 Kilometern. Das ist eine unvorstellbare Größe für eine Stadt. Hier in Little Tokyo müssen wir nur einmal die Straßenseite wechseln und sind schon beim nächsten Highlight angekommen.

Hinter dem Tresen der Karaokebar sitzt ein Mitarbeiter, der überrascht wirkt, als wir die Treppe herunterkommen. Er scheint heute mit niemandem mehr gerechnet zu haben. Wir sind die einzigen Gäste und haben freie Kabinenwahl, Ryo entscheidet sich für Kabine 3.

Karaokebars in Deutschland kennt man ja eher so, dass es eine Bühne mit Mikrofon gibt und die Mutigen dann vor

Publikum singen. In Japan funktioniert das anders. Hier ist der Karaokespaß eher eine Privatparty in einem vielleicht 15 Quadratmeter kleinen Raum. Kabine 3 ist schon ordentlich in die Jahre gekommen und bestenfalls als urig zu bezeichnen. Im hinteren Bereich stehen ein Tisch und eine eingebaute Sitzecke, das Muster der bunten Polster erinnert mich an die Sitze in deutschen Omnibussen: eher unruhig gestaltet, damit Verschmutzungen nicht so schnell sichtbar werden. Der Fernseher ist ein altes Röhrengerät, die Karaokeanlage sieht aus wie die Zeitmaschine aus *Zurück in die Zukunft*. Vielleicht täuscht der veraltete Eindruck aber auch, denn die Bedienung des Control Panels funktioniert per Touchstift.

Ryo ist schon eifrig dabei, alles für uns einzustellen. Auch musikalisch erwarte ich in den nächsten Stunden eine Reise durch Zeit und Raum, Ryo reicht mir ein silbern glitzerndes Mikrofon, das Dieter Thomas Heck sehr gut gefallen hätte.

»Du scheinst dich hier ja gut auszukennen.«

»Die Geräte funktionieren alle gleich«, antwortet Ryo. »Zu Hause in Japan war ich mindestens einmal die Woche in einer Karaokebar.«

»Und seitdem du in Deutschland lebst?«

»Nicht mehr so oft, aber in dieser Bar war ich auch schon ein paarmal.«

Ich lasse Ryo den Vortritt, damit ich mich noch ein paar Minuten akklimatisieren kann. Er sucht sich eine offenbar traditionelle japanische Schmonzette aus, das erkenne ich an den ersten Bildern des Musikvideos, das aus den 80ern stammen muss. Und dann staune ich gewaltig, weil Ryo ordentlich einen losschmettert. Hatte er zu Beginn unseres Treffens vielleicht noch ein wenig zurückhaltend oder schüchtern gewirkt, ist das spätestens jetzt verflogen. Mein lieber Herr Gesangsverein, der Kerl kann richtig singen! Kein Wunder, dass Ryo mal Profimusiker werden wollte.

Ich habe natürlich keine Ahnung, wovon er da singt – aber wahrscheinlich geht's um Liebe, danach sieht das Video zumindest aus. Wann immer ich das Gefühl habe, etwas zum Song beisteuern zu können, sprechsinge ich ein »Aha« oder »Oh yeah« in mein Mikro. In diesem Moment realisiere ich zum ersten Mal, dass ich überhaupt nicht weiß, wie ich gleich selbst einen Song singen soll. Selbst wenn ich nach ein, zwei Minuten die Melodie des Liedes raushaben sollte, kann ich die japanischen Schriftzeichen ja noch immer nicht lesen, geschweige denn in gesungene Worte verwandeln. Das hatte ich in meiner Vorfreude nicht bedacht.

Aber okay, Ryos Song klingt aus – jetzt gibt es kein Zurück mehr.

»Denkst du, es gibt Songs, die ich auch singen kann?«, frage ich.

»Ja, ich habe eine Idee«, sagt er und tippt auf dem Touchpad herum.

Dann erklingen die ersten Takte eines Liedes, das eine fernöstliche Anmutung hat, das ich aber tatsächlich schon sehr oft gehört habe. Zu oft, um ehrlich zu sein. Es ist deutschsprachig, und ich wundere mich etwas, dass Ryo es kennt.

Der Text wird eingeblendet, und ich lege los: »Sie ritten

um die Wette mit dem Steppenwind, tausend Mann.« Dann stimmt Ryo mit ein: »Ha! Hu! Ha!«

»Und einer ritt voran, dem folgten alle blind, Dschingis Khan. Ha! Hu! Ha!«

Unser erstes Duett, jetzt werden wir so richtig warm miteinander. Alles an diesem Abend, was bisher vielleicht eher der Gesprächsatmosphäre zweier Fremder entsprach, ist wie weggewischt. Es läuft richtig gut, wir ergänzen uns prima. Gemeinsames Singen verbindet immer, da fallen alle Hemmungen.

Und jetzt alle: »Dsching, Dsching, Dschingis Khan. He, Reiter. Ho, Reiter, He, Reiter, immer weiter …« Den Refrain singen wir gleichzeitig, bei den groben Lauten wie »Dsching« und »Ha ha ha ha« und »Ho ho ho ho« singt Ryo besonders laut mit. Als der Song nach drei Minuten zu Ende ist, sind wir komplett aus der Puste – und ich hatte ganz sicher noch nie so viel Spaß bei dieser durchgenudelten Nummer wie heute.

Hinter der Sitzecke entdecke ich weitere Leitz-Ordner, in denen Tausende Songs mit den entsprechenden Kennziffern für die Karaokemaschine stehen. Es gibt sogar ganze Ordner mit koreanischen, chinesischen und auch philippinischen Songs.

»Bei all diesen Liedern geht es mir übrigens genau wie dir«, sagt Ryo. »Da verstehe auch ich kein Wort.«

Überhaupt stelle ich im Laufe unserer Gesangsstunde immer wieder erstaunt fest, wie viele unterschiedliche musikalische Welten es gibt. Das zeigt sich bei einigen Welthits der westlichen Welt, die Ryo nicht kennt, weil er musikalisch natürlich ganz anders sozialisiert wurde als ich. »You Are Not Alone« von Michael Jackson zum Beispiel. Unvorstellbar, dass es jemanden gibt, der diesen Song noch nie gehört hat. Genauso geht es ihm andersrum mit mir. Er singt Lieder, die in der japanischen Welt wirklich jeder kennt, die sich für mich aber so anfühlen, als würde ich »Alle meine Entchen« zum allerersten Mal hören.

Auf meinen Wunsch hin singt Ryo noch viele weitere solcher Lieder, in denen ich als Zweitstimme ebenfalls mein Bestes gebe, dann wieder unterstützt er mich bei »Let It Be«, »Bohemian Rhapsody« und »Don't Look Back In Anger«. Wir singen viel zu laut in unsere scheppernden Mikros und fragen uns, ob der Mann an der Theke von unseren schiefen Kopfstimmen und unserem lauten Lachen nicht schon total genervt ist. Aber das ist uns egal.

Ich habe kein einziges Mal auf die Uhr geschaut, aber als wir wieder aus dem Keller kommen, ist es schon ziemlich spät. Ich schlage Ryo vor, langsam nach Hause zu gehen. Ich nehme an, dass das Japanische Konsulat auch hier in Deutschland japanische Disziplin und pünktliches Erscheinen am nächsten Morgen von ihm erwartet.

»Vielen Dank, dass du mir dein kleines Tokio gezeigt hast, Ryo. Schöner hätte ich es mir nicht vorstellen können«, sage ich, als wir uns verabschieden.

»Sehr gerne, mir hat es auch großen Spaß gemacht.« Er verlässt das Hotel durch den Haupteingang, und ich fahre glücklich hoch in den neunten Stock.

Dieser Tag in Little Tokyo hat zwei Dinge verursacht: Fernweh geschürt und Fernweh gestillt. So deutlich wie kaum ein anderer Tag hat er mir gezeigt, wie sehr ich das Reisen und die Ferne vermisse. Wie gerne ich an fremden Orten bin, umgeben von unbekannten Gerüchen und anderen Sprachen. Ich kann es kaum erwarten, dass sich die Welt wieder öffnet und wir wieder unterwegs sein können. Gleichzeitig aber hat sich dieser Tag auch wie eine Salbe auf mein angeknackstes Reiseherz gelegt.

Ryo hat gesagt, er komme ab und zu nach Little Tokyo, damit er kein Heimweh bekommt. Vielleicht komme ich von nun an ab und zu hierher, um kein Fernweh mehr zu haben.

Rom

Die Unewige Stadt

Es war einmal ein 81-jähriger Italiener, der in England lebte und sich seinen Lebenstraum erfüllen wollte: einmal nach Rom fahren und den Papst besuchen. Also setzte er sich zu Hause in Newcastle in seinen Jaguar, gab »Rom« ins Navi ein und fuhr los. Als ihm die freundliche Stimme in Nordrhein-Westfalen sagte, er habe sein Ziel erreicht, war der Mann verwirrt. Rom liegt doch nicht in Deutschland?! Hier musste etwas faul sein. Der 81-jährige stieg aus dem Auto, um sich umzuschauen, und vergaß dabei leider, die Handbremse anzuziehen. Der Jaguar rollte die Straße hinunter und rammte das Ortsschild von Rom, dem einzigen Rom weit und breit. Es liegt zwischen Köln und Siegen im Bergischen Land und gehört zur Gemeinde Morsbach.

Was wie eine fiktive Geschichte klingt, ist 2019 genau so passiert. Bei dem Versuch, den Wagen zu stoppen, wurde der arme Mann von der geöffneten Fahrertür mitgerissen und fiel. Er wurde vorsorglich ins Krankenhaus gebracht, am Wagen entstand ein Schaden von etwa 4000 Euro.

Würde ich doch auch bloß mit dem Auto reisen.

Nach einem entspannten Vormittag in Düsseldorf mache ich mich gegen Mittag auf die Socken. Alle Wege führen nach Rom, sagt man. Das Rom im Bergischen Land kann damit aber nicht gemeint sein. Meine Regionalbahn fährt mit zehnminütiger Verspätung los, ich verpasse den Anschluss in Lüdenscheid-Brügge und muss dort fast eine Stunde am Bahnsteig warten. Nur falls sich jemand fragt: Nein, in Lüdenscheid-Brügge gibt es nichts, womit man sich eine Stunde die Zeit vertreiben könnte, nicht mal für fünf Minuten. Der nächste Zug hält unterwegs zweimal außerplanmäßig, weshalb mir auch der Bus von Gummersbach nach Morsbach vor der Nase wegfährt, der – na klar – ebenfalls nur einmal die Stunde fährt. Erst als der Himmel schon dunkelblau ist, kommt der nächste Bus und bringt mich schließlich nach 48 Bushaltestellen und zwei Stunden später als geplant nach Morsbach. Es ist inzwischen stockfinster, heute wird es nichts mehr mit der Ewigen Stadt im äußersten Südosten Nordrhein-Westfalens.

Man könnte sowieso meinen, es läge ein Schatten über meinem Rom-Besuch. Schon im Vorfeld musste ich einsehen, dass mich die einzige Unterkunft in Rom nicht haben wollte. Im Internet bietet das *Hotel zum Römertal* zweckmäßig eingerichtete Monteurszimmer an, einen kleinen Dorfkrug und eine Kegelbahn soll es dort auch geben. Das wäre perfekt gewesen und klang nach einer Menge Spaß. Ich hatte nämlich gehört, dass sich der frühere Hoteldirektor scherzhaft »Papst von Rom« nennen ließ. Aber der neue Besitzer antwortete nur knapp per SMS: »Derzeit alles belegt«.

Wie schade, ich wollte ins Epizentrum, nach Rom. Doch

mir blieb nichts anderes übrig, als eine Unterkunft im nahe gelegenen Morsbach zu buchen.

Beim Abendessen im Hotel-Restaurant frage ich nach, ob jemand jemanden aus Rom kennt. Der Hoteldirektor verneint, und auch als er sich bei seinen Mitarbeitern erkundigt, gibt es kaum neue Erkenntnisse. Nur ein Name fällt mehrfach: Christoph Buchen. Er sei auch Journalist, Buchautor, Chronist und Historiker, der sogar schon einen Bildband über die Region herausgebracht habe. Über den Heimatverein gelange ich an seine Nummer, ich rufe ihn spontan an, und er verabredet sich tatsächlich für morgen früh mit mir. Dann wird es höchste Zeit, dem deutschen Rom auf die Spur zu kommen.

Im anhaltenden Nieselregen stehe ich morgens auf dem Parkplatz, als ein graues Auto heranfährt. Das muss er sein. Ich setze meine Maske auf und öffne die Beifahrertür. Christoph Buchen ist gut gelaunt: »Steigen Sie ein, Herr Karrasch, wir fahren jetzt nach Rom.«

46 Jahre lang hat er in der Gemeindeverwaltung Morsbach gearbeitet. Nebenbei war er als freier Journalist tätig und hat auch für Rom allerlei chronistische Tätigkeiten übernommen. Daher weiß er zum Beispiel, dass der Ortsname ursprünglich vom alten Wort für Erz und Metall stammt, das früher hier in der Gegend abgebaut wurde: Room. Insgesamt hat Christoph Buchen in seiner Laufbahn an 28 Büchern mitgearbeitet.

»Dann wird das hier ja Nummer 29«, sage ich grinsend,

als wir an einem Straßenschild vorbeifahren, auf dem »Rom 1 km« steht.

»Das ist das Schild, das der alte Mann mit seinem Jaguar umgefahren hat«, erklärt Herr Buchen. »Ich habe ihn selbst nicht kennengelernt, aber ein Kollege hat erzählt, dass er das alles mit Humor genommen hat.«

»Muss man auch«, stimme ich zu. »Wenn der Schreck erst mal überstanden ist, ist es einfach eine super Geschichte.« Ob es der Mann am Ende noch ins echte Rom geschafft oder sich lieber auf direktem Weg zurück in die Heimat gemacht hat, ist leider nicht überliefert.

Wir parken vor einem großen Haus, vor dem eine geschwungene Holzplanke mit der Aufschrift *Hotel zum Römertal* steht. Das ist die Unterkunft, hier wollte ich eigentlich schlafen.

»Ich sage Ihnen, wie es ist«, fängt Christoph Buchen an zu erzählen. »Es ist eine ganz traurige Geschichte, die sich hier in den letzten Jahren abgespielt hat. Über Jahrzehnte war Rom ein beliebter Urlaubsort, früher nannte man solche Kurorte ›Sommerfrische‹. Es gab Tage, da sind hier drei Busladungen voll mit Menschen angekommen, die Rom im Kleinformat sehen wollten. Und hier gab es dank des Papstes von Rom auch wirklich was zu sehen.«

Angefangen hatte alles mit Heinrich Klein, der hier 1931 eine Privatpension eröffnete und sich scherzeshalber »Papst von Rom« nannte. In seine Fußstapfen trat Ende der 1960er-Jahre Sohn Heinz, der die Papst-Tradition fortführte und bis 2016 auf die Spitze trieb.

»Heinz Klein war ein absoluter Kindskopf«, sagt Herr

Buchen. »Er hat sich ständig etwas Neues ausgedacht. Hier, schauen Sie mal, das ist die Spanische Treppe.« Er zeigt nach rechts, und ich muss lachen. Da hängt an einer Hintertreppe vom Hotel mit vielleicht zehn Stufen ein Schild, auf dem »Zur Spanischen Treppe« steht. Ich komme kaum dazu, diese Information zu verarbeiten, da macht Christoph Buchen schon weiter: »Und das hier war der *Aeroporto di Roma*, ein Hubschrauberlandeplatz.« Auf einer großen asphaltierten Fläche, die eigentlich den Hotelparkplatz darstellt, prangt ein riesiger runder Kreis, in dem gekreuzt zweimal das Wort »ROM« steht.

»Aber hier sind nicht wirklich Hubschrauber gelandet?!«

»Doch, natürlich«, sagt Herr Buchen. »Ich bin mir nicht sicher, ob das alles immer so legal war, weil es hier natürlich niemanden gab, der den Flugraum überwacht hat. Aber Kegelclubs und andere Vereine haben regelmäßig Ausflüge nach Rom gemacht und sich dafür auch mal die Anreise per Helikopter gegönnt.« Er zeigt auf eine Ampelanlage, die an der Zufahrt zum Parkplatz steht. »Damit wollte Heinz Klein den Autoverkehr regeln, wenn ein Hubschrauber landete. Aber das war natürlich nur Spielerei.«

Ich staune nicht schlecht. Dass Heinz Klein sich auf einem Hügel oberhalb des Hotels auch eine eigene Kirche gebaut hat, wirkt da schon fast wie eine Selbstverständlichkeit. Was auch sonst im heiligen Rom?

»Es ging ihm damals sehr gut«, sagt Christoph Buchen. »Finanziell, meine ich. Wenn er sich etwas in den Kopf gesetzt hatte, dann wurde das auch umgesetzt.« Die kleine Kapelle hat einen Glockenturm, einen goldenen Wetterhahn auf der Kirchturmspitze und sogar einen goldenen Stern über Bethlehem über dem Eingang. Eine Tür gibt es nicht, die Kapelle ist lediglich durch ein Gittertor verschlossen. Im Inneren sehe ich Sitzreihen aus Holz, ein Kreuz, einen Altar und zwei kleine bunte Kirchenfenster. Alles ist sehr liebevoll gestaltet.

Christoph Buchen erzählt, dass Heinz Klein sich zusammen mit einem aus Bethlehem stammenden Morsbacher Arzt überlegt hatte, Weihnachtsumzüge durch Rom zu veranstalten, die bald zum beliebten Event wurden: »Vor allem seitdem Wolfgang Grönebaum die Weihnachtsandacht vor der Kapelle gesprochen hat. Sie wissen, wer das ist, oder?«

»Es klingelt nicht direkt, muss ich gestehen.«

»Wolfgang Grönebaum hat den Hausmeister Egon Kling in der *Lindenstraße* gespielt und wohnte auch in Morsbach. Mit seiner sonoren Stimme war das immer etwas ganz Besonderes.«

»Wie viele Menschen leben eigentlich in Rom?«, will ich wissen.

»Knapp fünfzig sind es heute.« Fun Fact: Damit hat das deutsche Rom eine höhere Kirchturmdichte als das echte. Dort müssen sich bei knapp drei Millionen Einwohnern und ungefähr 1000 Kirchen nämlich 300 Menschen eine Kirche teilen.

»Was ist dann passiert?«, frage ich. »Sie sagten, die Geschichte sei traurig.«

»Die Brandschutzbestimmungen fürs Hotel sind über die Jahrzehnte immer weiter verschärft worden, da kam Heinz Klein irgendwann nicht mehr hinterher. Deshalb hat er sich 2016 schweren Herzens dazu entschlossen, das Hotel aufzugeben. Es kam unter den Hammer.«

Zwei Brüder haben das Haus ersteigert und damit den einstigen Kult beendet.

»Um es ganz deutlich zu sagen: Das Hotel ist zu einer Absteige verkommen, in der nur noch Arbeiter auf Montage unterkommen. Die Männer haben offenbar kein touristisches Interesse und auch kein Gefühl dafür, was das hier mal war.« Jetzt leuchtet mir die knappe Absage nach meiner Buchungsanfrage ein.

Christoph Buchen ist hörbar enttäuscht, was aus seinem Rom geworden ist, das er fast fünfzig Jahre lang begleitet hat. Diesem Ort, der dank eines leicht verrückten Papstes so liebevoll mit dem Original spielt wie kein anderer Ort, den ich bisher besucht habe. Sogar Autogrammkarten hatte Heinz Klein, auf denen er mit »Seine Scheinheiligkeit Heinrich III. von Rom« unterschrieb – und am Hoteleingang gab es einen Trevi-Brunnen, an dem sich Brautpaare das Ja-Wort geben konnten.

»Gibt es eine Chance, das alles noch mal zurückzuholen?«, frage ich.

»Nein«, sagt Christoph Buchen knapp. »Die Zeit ist leider vorbei. Es gibt ein paar Aktive unter den Einwohnern, die sich seit ein paar Jahren wieder um die Kapelle kümmern und auch den Weihnachtsumzug reaktiviert haben. Aber die gute alte Zeit, die wir hier alle sehr genossen haben, wird nicht wiederkommen.«

Damit ist alles klar: Das Rom im Bergischen Land ist kein lebendiger Ort mehr, kein Urlaubsort, keine Sommerfrische. Es ist höchstens noch ein Freilichtmuseum, in dem man die Überbleibsel von damals sehen und sich hin und wieder Geschichten erzählen kann, die mit »Es war einmal ...« beginnen.

Dieses Rom ist keine Ewige Stadt.

Island

liegt in der Eifel

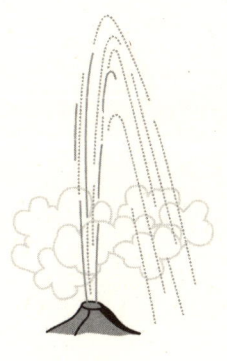

»Though I'm a geyser
feel it bubbling from below.
Hear it call, hear it call,
hear it call to me constantly.«

Mitski – »Geyser«

Das Einzige, was mir auf der letzten Zug- und Bus-Etappe nach Rom Spaß gemacht hatte, war das Zählen der Bushaltestellen. Vorgestern waren es 48 Stationen, heute komme ich auf der ersten Strecke auf sage und schreibe 56 Bushaltestellen – und dann bin ich erst in Hennef, wo auch immer das liegt. Anschließend geht's weiter nach Bonn und mit der Straßenbahn einmal quer durch unsere alte Hauptstadt. Zwischen den Häuserschluchten erahne ich eine hübsche Altstadt. Bonn, denke ich, da müsste ich eigentlich mal haltmachen – wenn ich nicht gerade auf Weltreise wäre.

Mit Bus und Bahn versöhne ich mich heute, alles klappt wie geplant und auf die Minute genau. Kann man ja auch mal sagen. Verspätete Züge sind wie *McDonald's*. Irgendwann vergisst man, wie schlimm es war, und setzt sich wieder rein.

Mein Ziel ist Andernach in Rheinland-Pfalz. Die Stadt am Rhein mit 30000 Einwohnern liegt fast auf halber Strecke zwischen Bonn und Koblenz und ist eine der ältesten in Deutschland. In den letzten 2000 Jahren waren sie alle hier gewesen: die Römer, die Germanen, die Franken. Neben dem mittelalterlichen Stadtkern, den Toren und Türmen der alten Stadtmauer und einigen prächtigen Gebäuden wartet in Andernach aber vor allem ein spektakuläres Erlebnis auf mich, das man normalerweise eher mit Island in Verbindung bringen würde.

Während in den ersten Stunden der Regen unentwegt an die Busscheiben getrommelt hatte, wurde das Wetter auf dem Weg nach Island Stück für Stück besser. Eine neue Erfahrung für mich, denn auf der rauen Insel im Nordatlantik habe ich bisher nur Schietwetter erlebt. Im Sommer 2013 war ich dort zwei Wochen im Urlaub, und es hat zwei Wochen lang durchgeregnet. Die riesige Hallgrímskirche in Reykjavík war grau, der rauschende Wasserfall Gullfoss grau, der berühmte Geysir Strokkur grau, überhaupt der gesamte Golden Circle, die Haupttouristenroute im Südwesten der Insel: alles grau in grau. Außer dem milchig blauen Wasser der Blauen Lagune und einem rot-gelb angestrichenen Gatter, hinter dem auf einer Weide im Nirgendwo ein paar völlig durchnässte Islandponys standen, habe ich Island als komplett farbloses Land abgespeichert. Und noch etwas war an der Reise irre unangenehm: der Geruch. Überall roch es nach faulen Eiern, weil Island eine aktive Vulkaninsel ist und aus allen Erdritzen der üble Gestank von Schwefel austritt. Ich übertreibe nicht, wenn ich sage, dass mir zwei Wochen lang schlecht war. Meine Nase und mein Magen konnten den Geruch einfach nicht vertragen. Dabei bin ich mir sicher, dass ich Island bei schönem Wetter und mit

Wäscheklammer auf der Nase lieben würde. Nur bekam ich bisher leider keine zweite Chance.

Am nächsten Morgen ist es so weit, denn Island liegt eben auch in Andernach, am nordöstlichen Zipfel der Eifel. Ähnlichkeiten sind geohistorischer Art durchaus gegeben, auch die Eifel ist vulkanischen Ursprungs. Island ist durch eruptive Aktivität überhaupt erst aus dem Meer gekrochen, die Eifel wurde so zu dem Mittelgebirge, das sie heute ist.

Als einer der ersten Gäste betrete ich das blau-weiße Schiff, das mich nach Island fahren wird. Allerdings nicht über den rauen Atlantik, sondern über den sehr gemächlichen Rhein. Und das Beste: Nachdem ich in den letzten Tagen schon die volle Wucht des aufziehenden Herbstes mit trübem, nassem, grauem Wetter zu spüren bekommen habe, zeigt sich heute ein richtig goldener Oktober. Ein strahlend blauer Himmel, schon morgens über 20 Grad, und die Sonne knallt ganz herrlich. Eigentlich bräuchte ich Sonnencreme, aber wer denkt schon daran, Sonnencreme einzupacken, wenn das Reiseziel Island heißt?

Unser Schiff heißt *Namedy*. An Bord sind hauptsächlich Familien mit Kindern, inzwischen haben in Teilen Deutschlands die Herbstferien begonnen. Als wir ablegen, fährt die *Namedy* die ersten Meter rheinaufwärts in die falsche Richtung, weil sie erst noch zwei von diesen flachen Rheinschiffen mit Gütern für Rotterdam durchlassen muss. Dann setzt das Schiff zur Kehrtwende an, was bei einem fast 50 Meter langen Kahn, der sich kurzerhand quer über den Rhein stellt, durchaus beeindruckend aussieht.

»Einen schönen guten Morgen«, tönt eine männliche Stimme aus den Lautsprechern an Deck. Es ist der Guide, der uns in den nächsten zwei Stunden an unser Ziel begleiten wird: den größten Kaltwassergeysir der Welt.

»Geysir ist das isländische Wort für ›ausbrechen‹, ›ausströmen‹ oder ›in Bewegung setzen‹«, erklärt er mir und den anderen etwa 75 Gästen an Bord. »Man kennt diese aus der Erde sprudelnden Fontänen natürlich von Island, aber auch aus dem Yellowstone-Nationalpark in den USA und aus Neuseeland.« Der feine Unterschied: Das sind alles Heißwassergeysire, deren Wasser bei Temperaturen um den Siedepunkt in die Höhe schießt. Der Geysir von Andernach ist mit etwa 25 Grad deutlich kälter – und vielleicht auch nicht ganz so natürlich entstanden wie die anderen. Dazu später mehr.

»Etwa alle zwei Stunden bricht der Geysir aus«, erklärt uns der Mann aus den Lautsprechern. »Im Normalfall baut sich die Fontäne langsam auf, bleibt dann ein paar Minuten auf etwa 55 Metern Höhe und zieht sich schließlich langsam wieder zurück. Das wird heute Morgen anders sein, es wird spektakulär!« Und er fügt noch hinzu: »Machen Sie sich darauf gefasst, nass zu werden.« Ein Raunen geht übers Schiff.

Nach 15 Minuten Fahrt dreht die *Namedy* erneut und legt an einem eisernen Steg an. Auf ihm laufen wir über einen kleinen Naturstrand am Rheinufer und gelangen dann auf die wild überwucherte Halbinsel Namedyer Werth, die – anders als der Japanische Garten in Düsseldorf – schon lange kein örtliches Gartenamt mehr gesehen hat. Richtig schön urig, könnte man meinen, wenn nicht ausgerechnet die Bundesstraße 9 auf einer massiven Betonbrücke über dieses

Naturschutzgebiet führen würde, über deren vier Spuren im Sekundentakt Autos und LKW brettern. Das Gefühl eines echten Naturerlebnisses will sich da bei mir bis jetzt nicht einstellen.

Hinter einer kleinen Kapelle gelangen wir zu einer großen Freifläche, deren Zentrum ein vielleicht zwei Meter hoher Stapel aus rotbraunen Steinen bildet. Die Gruppe verteilt sich mit einem Abstand von etwa 30 Metern um die rostigen Brocken, aus denen vermutlich gleich die Fontäne kommen wird. Weil uns keiner erklärt, was genau passieren wird, stehen wir alle gespannt da und warten ab. Kaum jemand wendet den Blick ab, niemand will den Moment verpassen.

Urplötzlich zischt es so laut aus dem Steinstapel, dass wir alle gleichzeitig zusammenzucken. Nicht wenige halten sich die Ohren zu.

Der Geysir prustet los.

Erst entladen sich Unmengen an Gas unter dem ohrenbetäubenden Zischen, dann schießt die Wasserfontäne in die Luft. In null Komma nichts fährt sie hoch auf 50 Meter und zeigt uns ihr steifes Tänzchen. Uns wurde nicht zu viel versprochen: Das ist ein wirklich spektakulärer Auftritt, die Fotoapparate und Videokameras der Gruppe laufen heiß. Eine Mitarbeiterin öffnet ein Vorhängeseil und gibt so den Weg zur Quelle des Geysirs frei, damit jeder für ein Selfie so nah wie möglich herangehen kann. Doch als sich die ersten Besucher in Bewegung setzen, geht ein entsetztes Kreischen durch die Gruppe. Der Wind hat sich im Geysir verfangen, ihn in eine gewaltige Schräglage gebracht, und nun spritzt die Gischt einmal über alle Schaulustigen. Auch ich kriege eine gehörige Portion ab, die auf mir und meiner Kamera landet.

»Bitte seien Sie vorsichtig«, meldet sich unser Führer zu Wort. »Das ist extrem mineralhaltiges Wasser. Wischen Sie Ihre Objektive nicht einfach mit dem T-Shirt ab, das könnte Kratzer geben.« Guter Hinweis. Ich entscheide mich dafür, das Gerät erst mal wegzustecken.

»Was ist denn nun eigentlich das Besondere an diesem Ausbruch?«, will ich von unserem Guide wissen.

»Es ist der erste Ausbruch des Tages«, erklärt er. »Theoretisch würde der Geysir rund um die Uhr etwa alle zwei Stunden ausbrechen. Wir lassen ihn aber nur viermal am Tag. Abends machen wir einen unterirdischen Schieber zu, der den Ausbruch unterdrückt. Dadurch baut sich über Nacht ein enormer Druck auf, der sich beim ersten Öffnen des Tages mit einem lauten Zischen entlädt. Die anderen Ausbrüche gehen viel gemächlicher vonstatten.« Klare Erkenntnis also: Unbedingt die erste Tour morgens buchen, dann sprudelt die Fontäne los wie eine Mineralwasserflasche, die man vor dem Öffnen kräftig geschüttelt hat.

Genau mit diesem Hintergrund ist der Geysir übrigens auch entstanden.

1903 bohrte man auf dem Namedyer Werth einen ersten Brunnen, weil man hier auf der Suche nach Kohlenstoffdioxid fündig geworden war. Das Gas stammte aus einer Magmakammer in der Erdkruste und sollte für die Herstellung von Mineralwasser genutzt werden. Allerdings war die Produktion vor Ort nicht so einfach, weil ungeplant immer wieder hohe Wasserfontänen aus dem Brunnen geschossen kamen. Das sprach sich natürlich schnell herum, und so stand bald überall in den Zeitungen, dass es bei Andernach den höchsten Kohlensäuresprudel der Welt gibt.

Anfang der 1950er-Jahre versiegte die Quelle langsam, weil der Brunnen wegen mangelnder Pflege während des Kriegs beschädigt war. Man bohrte zwar einen neuen Brunnen, ließ das Projekt dann aber zugunsten der geplanten Bundesstraße 9 über das Namedyer Werth bald wieder ruhen. Erst 2001 wurde entschieden, den Geysir für touristische Zwecke wiederzubeleben. Eine goldene Idee, wie sich herausstellen sollte. Man bohrte einen 350 Meter tiefen und 15 Zentimeter dicken Brunnen, perfektionierte die Kontrolle über den Ausbruch und kann heute viermal täglich bis zu 350 Personen mit dem Schiff hierherfahren. Der Geysir von Andernach gehört zu den Top-Sehenswürdigkeiten zwischen Rhein und Mosel.

Nach ungefähr acht Minuten baut sich die Fontäne langsam wieder ab. Inzwischen ist der Großteil der Gruppe fertig mit den Selfies, jetzt ist für mich vorne an der Quelle Platz. Je näher ich komme, desto klarer erkenne ich, dass die Luft über dem nur noch schwach sprudelnden Wasserstrahl flirrt. Es strömt Gas aus, das mir beim nächsten Atemzug ein unangenehmes Déjà-vu beschert. Es riecht wie damals auf Island – nach verfaulten Eiern. Auch hier scheint Schwefelwasserstoff auszutreten, dieses Gas, das es geschafft hat, mir den Urlaub zu vermiesen. Heute riecht es zum Glück nicht so stark und ist einigermaßen zu ertragen.

Als die Fontäne schließlich komplett versiegt ist, trete

ich noch ein Stück näher an den Steinstapel heran, um ein Foto von der Ausbruchstelle zu machen. Gute Idee vielleicht, aber schlechtes Timing: Genau in dem Moment entscheidet sich der Geysir für eine Zugabe. Er prustet erneut los, schießt noch einmal drei, vier Meter in die Höhe und gibt mir damit einen üppigen, extrafeuchten Schlabberkuss.

»Ja, auch das passiert manchmal beim ersten Ausbruch des Tages«, ruft mir der Guide lachend zu, als ich dastehe wie ein nasser Waschlappen. Diese Info hätte mir ein paar Sekunden früher helfen können. Aber ich nehme es mit Humor, denn der Tag ist warm und sonnig. Und immerhin kann ich »Mit Mineralwasser duschen« damit jetzt auch von meiner Bucket List streichen.

Nach 45 Minuten müssen wir zurück zum Schiff, damit endet mein Aufenthalt auf Island. Es war kurz und schön, ein Quickie mit einer alten Bekannten. Als ich in Andernach von Bord gehe, habe ich eine ordentliche Portion Sommerröte auf der Stirn. Das habe ich nicht erwartet. Nicht im Oktober – und erst recht nicht von Island.

Bethlehem

Maria wird bald 100

»Because I'm in Bethlehem
I've got a seat in heaven.
And though I'm heaven sent,
I can do as I want and you don't have the right to choose.«

Declan McKenna – »Bethlehem«

Ob folgende These wirklich stimmt oder nur eine gefühlte Wahrheit ist, weiß ich nicht. Aber ich vermute: Je länger die Liniennummer eines Regionalzugs ist, desto wahrscheinlicher fährt er dich ins Nirgendwo.

Ein Beispiel aus meiner Heimat: Möchte ich wie zu Beginn dieser Reise von Kiel nach Hamburg fahren, nehme ich den Regionalexpress mit der Liniennummer RE7. Einstellige Kennziffer, absolute Hauptstrecke, hier werden zwei Großstädte miteinander verbunden. Ist das Fahrtziel eine ungleich kleinere Stadt, sagen wir Husum an der Nordsee, kommt eine weitere Ziffer hinzu, und der Zug heißt RE74. Das Prinzip ist klar. Nun: An diesem Morgen sitze ich in einem Regionalzug mit der Kennung BRB62707 und ahne, was das bedeutet.

Was mir außerdem auffällt: Im Zug sitzen überdurchschnittlich viele Asiaten. Ich versuche einmal durchzuzählen (während ich so tue, als würde ich das Bord-WC suchen): Auf 47 Passagiere kommen 16 mutmaßliche Touristen aus Fernost. Es kann sein, dass ich einfach nur die Wahrheit im

Klischee finden möchte. Vielleicht ist aber auch wirklich etwas dran, denn unser Zug hat das Endziel Füssen, das wiederum keine vier Kilometer von *der* deutschen Sehenswürdigkeit für asiatische Touristen entfernt liegt: Schloss Neuschwanstein.

Ich selbst habe über die Jahre so einige Sehenswürdigkeiten in Deutschland von meiner Liste streichen können: den Kölner Dom, das Brandenburger Tor, Rothenburg ob der Tauber, das Oktoberfest oder auch Frankfurts Skyline. Aber es gibt auch vieles, was ich noch nicht gesehen habe: den Nürnberger Christkindlesmarkt zum Beispiel, Rügens Kreidefelsen und auch Neuschwanstein. Hier im Süden gehört das Schloss vermutlich zum absoluten Standardprogramm bei Schulausflügen, weshalb man es schon früh im Leben abhaken kann. Aber vom Norden aus liegt Neuschwanstein leider selten auf dem Weg. So nah wie heute war ich noch nie dran.

Der Ort, der bei mir zum Ende der Weltreise auf dem Plan steht, hätte eigentlich – rein historisch betrachtet – ganz am Anfang stehen müssen. Schließlich ist das, was einst am Originalschauplatz im Westjordanland geschehen ist, für viele Christen das, was für die Wissenschaft der Urknall ist: der Anfang von allem. Bethlehem. Genau genommen bedeutet das: Alles, was bisher in diesem Buch zu lesen war, gehört zum Alten Testament. Erst jetzt, kurz vor Schluss, kriegt die Reise den richtigen Dreh. Wir schreiben das Jahr null.

Heute wird Jesus geboren.

Bethlehem ist für viele der Ursprung dessen, worauf ihr Glaube aufbaut – und irgendwie ist der Ort auch ein Synonym fürs Reisen und Ankommen. Kaiser Augustus hatte damals laut Weihnachtsgeschichte zur Volkszählung gerufen, dafür sollten alle Bürger in ihre Heimat reisen, um sich dort registrieren zu lassen. Josef war schon einige Tage mit seiner hochschwangeren Maria und ihrem Esel unterwegs, als sie endlich in seinem Geburtsort Bethlehem ankamen. Maria war schwach vom Schwangersein, der Esel vom Mariatragen. Ihre anschließende beschwerliche Suche nach einer Unterkunft soll auch für mich später an diesem Tag noch zum Thema werden.

Je weiter ich mich dem deutschen Bethlehem nähere, das etwa anderthalb Zugstunden südwestlich von München liegt, desto deutlicher kommt das Allgäu zum Vorschein. Wir fahren an alpenländischen Bauernhäusern mit den typischen Holzbalkonen vorbei, glasklare Bäche fließen entlang der Strecke, auf grünen Wiesen grasen Kühe – und hinter den Wäldern erkenne ich ein ausgewachsenes Alpenpanorama.

Bilderbuch-Bayern.

Dann plötzlich, ich kann gerade so Zivilisation erkennen, hält der Zug, zischt noch einmal gewaltig beim Türöffnen und schmeißt mich am Bahnhof in Lengenwang raus. Von hier sind es laut Google Maps noch acht Gehminuten bis zu meinem Ziel.

Bethlehem ist ein Ortsteil von Lengenwang, das etwa 1500 Einwohner zählt. Es ist kein Postkarten-Allgäudorf, da gibt es niedlichere. Idyllisch ist Lengenwang trotzdem. Es ist alles ruhig, alles sauber, alles friedlich. Heile Welt.

Eindeutige Stütze für diese These: Es ist mittags, und vor dem *Gasthaus zum Goldenen Adler*, das erst abends öffnen wird, stehen Tische und Stühle – jederzeit bereit, um besetzt zu werden. Hier wird nach Feierabend nichts zusammengestapelt und im Schuppen verstaut, geschweige denn mit einem diebstahlsicheren Kabel vertäut, wie es in jedem größeren Ort üblich wäre. Nachts betrunken auf dumme Gedanken zu kommen scheint hier nicht drin zu sein. Schließlich kennt jeder jeden – und auch der Herrgott schaut zu jeder Zeit zu.

Auf einige Hauswände sind priesterliche Gestalten gemalt, über jeder Tür steht die katholische Haussegnung »20*C+M+B+20«, und auf die Rückseite des Dorfbrunnens hat seinerzeit der diensthabende Steinmetz mit schwerem Gerät den Wunsch geschlagen: »Vor Hunger, Krieg und aller Not beschütze uns, o Herr.« So weit nichts Ungewöhnliches mitten im frommen Bayern. Dieses geballte Gottesbekenntnis lässt aber in jedem Fall die Vermutung zu, dass der Name des benachbarten Ortsteils Bethlehem möglicherweise auch nicht ganz ohne biblischen Hintergedanken entstanden sein könnte.

»Ja, sag einmal, was liegt denn hier?«, sagt ein älterer Herr zu seiner Frau, als er auf einem steinernen Straßenbegrenzungspfahl vor dem *Goldenen Adler* eine Kamera liegen sieht.

»Das gibt's ja nicht. Wer lässt denn so was hier liegen?«, stimmt die Frau mit ein. Ich löse die Situation auf und gebe mich als Übeltäter zu erkennen.

»Servus. Das ist meine Kamera. Ich wollte nur schnell ein Selbstauslöserfoto von mir neben dem Gasthaus machen.«

»Da können Sie doch uns fragen. Meine Frau macht das für Sie«, sagt der Mann. Die Frau wirkt kurz überrumpelt, stimmt dann aber zu. Ich stelle mich vor und erzähle, warum ich hier bin.

»Sie wissen nicht zufällig, warum Bethlehem Bethlehem heißt?«, frage ich.

»Das ist eine gute Frage«, sagt die Frau. »Das hab ich mich noch nie gefragt. Wissen Sie, wir kommen nicht aus Bethlehem, wir sind hier aus Lengenwang. Dodel, angenehm.«

Ich stutze kurz. »Oh, ich glaube, wir zwei haben gestern telefoniert. Ich war auf der Suche nach einer Unterkunft.« Leider war bei Familie Dodel kein Zimmer mehr frei.

»Sehen Sie, so klein ist die Welt«, sagt Frau Dodel. »Da laufen wir uns hier direkt in die Arme. Haben Sie inzwischen eine Bleibe gefunden?«

»Leider nein«, sage ich kopfschüttelnd.

Auch Maria und Josef waren ohne gebuchte Unterkunft nach Bethlehem gekommen. Es war schon spät und Josef klopfte an jede Tür, ob man für seine hochschwangere Frau und ihn ein Zimmer hätte. Doch Bethlehem war komplett ausgebucht. Erst tief in der Nacht erbarmte sich jemand und stellte ihnen wenigstens seinen Stall zur Verfügung. Der Rest der Geschichte ist bekannt, zwischen Ochs und Esel wurde in jenem Stall der Heiland geboren. Vielleicht ein gutes Omen, dachte ich mir und kam nach meinen vergeblichen Bemühungen um eine Unterkunft schließlich ebenso ungeplant nach Bethlehem. Aber trotz der Kultstory und des anschließenden Weltruhms von Jesus Christus hoffe ich leise, dass sich in meiner Geschichte bis zum Ende des Tages mehr als ein Strohlager ergeben wird.

Weit bin ich noch nicht gekommen. Vielleicht habe ich inzwischen zwei der acht Gehminuten nach Bethlehem zurückgelegt, als das örtliche Postauto mit einer jungen Postbotin am Steuer vorbeifährt und ich mich vom Ehepaar Dodel verabschiede.

Auf der anderen Straßenseite steht die Pfarrkirche St. Wolfgang. Sie ist vollständig eingerüstet, weil sie offenbar grundsaniert wird. St. Wolfgang ist über 500 Jahre alt, da muss das schon mal sein.

Es ist niemand da, aber die Kirche ist geöffnet. Vor lauter Gerüst kann ich mich im Mittelschiff kaum bewegen. Durch die Eisenstangen erkenne ich an den Wänden Figuren der heiligen Maria auf der einen und von Josef auf der anderen Seite. Drehe ich mich um, schaue ich auf eine weiße Wand mit einem übergroßen Riss, an der ein gekreuzigter Jesus hängt. Bethlehem, vielleicht hör ick dir so langsam trapsen. Aber Erkenntnis schenkt mir die Kirche immer noch nicht. Sie hüllt sich in Gerüst und Schweigen.

Die Hauptstraße führt durch eine Senke, vorbei an einer Raiffeisenbank und einem *Edeka*. Die Postbotin braust erneut in ihrem gelben Bus an mir vorbei. Von weitem erkenne ich endlich das Ortsschild von Bethlehem. Als ich davorstehe, mache ich ein Selfie für die Sammlung.

»Aber nicht wieder klauen«, höre ich eine Stimme hinter mir. Ich drehe mich um und sehe einen älteren Herrn, der mir auf dem Fahrrad entgegenrollt.

»Passiert wohl öfter, was?«, frage ich grinsend.

»Inzwischen nicht mehr«, sagt der Mann. »Aber früher regelmäßig. Wahrscheinlich haben sie's deshalb umgedreht.«

»Was umgedreht? Das Schild?«

»Na, früher stand ›Bethlehem‹ groß drauf und drunter in klein ›Gemeinde Lengenwang‹.«

Ich schaue noch mal nach. Er hat recht, hier steht ›Lengenwang‹ oben und erst darunter ›Ortsteil Bethlehem‹. Das schmälert bei Dieben vielleicht das Interesse.

»Es hat eh lange gedauert, bis hier mal ein Schild aufgestellt wurde«, erzählt der Herr weiter. Anfang der 2000er-Jahre sei erst das offizielle gelbe Ortsschild gekommen. Davor habe man nur ein grünes Schild gehabt – seit den 1960er-Jahren, schätzt er. Und das, obwohl man den Weiler bestimmt schon seit 100 Jahren Bethlehem nennen würde.

»Wie ist der Name denn entstanden?«, will ich wissen. »Ist das bekannt?«

»Ja, freilich«, sagt der Mann bestimmt. »Drüben in Lengenwang haben früher die Großbauern gelebt. Die, die Kühe hatten und Land und deshalb reich waren. Hier wohnten die armen Leute, die nix hatten. Die hat man Bettelheimer genannt.«

»Ach! Und aus Bettelheim wurde Bethlehem?«, frage ich.

»Ja, das fand man netter, denke ich, als immer nur als arme Schlucker dazustehen.«

Wie originell! Da nimmst du dir den Klang deines ungeliebten Namens und änderst ihn einfach in was Schönes ab. Aus Vollidiot wird Vollkornbrot. Aus Achselschweiß wird Flaschengeist. Aus Anschreien wird Sunshine. Das gefällt mir – auch wenn das bedeuten würde, dass es bei dem Namen gar keine Verbindung zu Jesu Geburtsort gibt.

»Nein, vom Namen her nicht«, sagt der Herr. »Aber ansonsten gibt es schon einige Parallelen. Wir haben hier sogar eine Maria, sie ist 99 Jahre alt.«

»Was?« Ich mache große Augen.

»Ja, das muss man sich mal vorstellen«, lacht er, steigt auf sein Rad und fährt los. »In Bethlehem wohnen dreißig Leute – und darunter ist eine echte Maria.«

»Wissen Sie, wo sie wohnt?«, rufe ich ihm noch hinterher.

»Vorletztes Haus auf der linken Seite. Servus.«

Wer weiß, vielleicht liegen doch ein paar verborgene Schätze in diesem Dorf.

Von Ortseingang bis Ortsausgang ist Bethlehem 350 Meter lang, an der Hauptstraße stehen zehn Häuser. Außerdem gibt es den Höhenweg mit fünf und das Neubaugebiet Bethlehem-West mit weiteren zehn Häusern. Letzteres scheint aber in den Augen des älteren Herrn noch zu neu zu sein, als dass er die Bewohner als echte Bethlehemer anerkennen würde. Ansonsten wäre seine Angabe von 30 Einwohnern auf 25 Häuser etwas schief. Ich würde – wie einst im Westjordanland – eine Volkszählung begrüßen.

An den Häusern suche ich nach Schildern wie »Ferienwohnung« oder »Zimmer frei«. Vergeblich. Auch die

Google-Suche nach einer Unterkunft scheitert, denn der Blick auf mein Telefon verrät mir eine weitere Parallele zum echten Bethlehem von vor 2020 Jahren: kein Handynetz.

In einer Einfahrt sehe ich das Postauto stehen.

»Hallo«, rufe ich der Postbotin schon von weitem zu, die gerade vom Hauseingang zurückkommt. »Hast du es eilig oder darf ich dich kurz was fragen?«

Sie schaut auf die Uhr und sagt dann: »Passt schon. Was gibt's?«

»Ich nehme an, dass du dich hier etwas auskennst. Ich bin auf der Suche nach einer Schlafmöglichkeit.«

»In Bethlehem?«, fragt sie verdutzt. »Ich glaube nicht, dass es hier irgendwas gibt.«

Die junge Frau heißt Anna, ist zwanzig Jahre alt und passt nicht so recht ins Bethlehemer Bild. Im Grunde waren hier bisher nur ältere Herrschaften unterwegs, weshalb ich von der typischen Dorfdemografie ausging: Sobald der Perso die Volljährigkeit bescheinigt oder das Schulzeugnis den Bildungsabschluss, verlassen die jungen Erwachsenen dieses Kaff, um zumindest ins 30 Kilometer entfernte Kempten im Allgäu zu ziehen. Als Studentenstadt mit knapp 70000 Einwohnern lässt sich dort womöglich ein würdigeres Twenager-Leben führen.

»Ja, ich bin die Ausnahme«, erzählt Anna schulterzuckend. »Die meisten meiner Freunde sind gleich nach der Schule weggegangen. Außer den Bergen gibt es hier nicht viel. Wir haben im Ort nicht mal eine Bar, in der wir uns abends treffen können.«

Mein Blick wandert über die gelben Postkisten auf Annas Beifahrersitz.

»Hattest du schon mal Post im Auto, die eigentlich in dem anderen Bethlehem ankommen sollte?«, frage ich.

»Nee, so lange mache ich den Job noch nicht«, lacht sie. »Aber ich weiß, dass viele Kinder ihren Weihnachtswunschzettel ans Christkind hier nach Bethlehem schicken.«

»Wirklich?«

»Ja, und bis vor ein paar Jahren haben die Kinder sogar eine Antwort vom Christkind bekommen. Aber das ist irgendwann zu viel Arbeit geworden.«

Apropos Arbeit: Anna muss langsam weiter, vom Quatschen werden die Postkisten nicht leerer.

»Falls du Zeit hast, fahr mal hoch nach Leuterschach«, gibt sie mir noch als Tipp mit auf den Weg. »Da liegt ein Weiler, der Texas heißt. Sind aber nur fünf Häuser, da gibt's wahrscheinlich noch weniger zu sehen als hier.« Wir lachen, dann braust Anna mit ihrem gelben Postblitz davon.

Das echte Bethlehem im Westjordanland hat rund 30000 Einwohner und liegt etwa zehn Kilometer südlich von Jerusalem. Über die Bedeutung des Namens ist man sich nicht ganz einig. Das hebräische *bêt* heißt »Haus«, *læħæm* kann aber sowohl als »Brot« als auch als »Kampf« übersetzt werden, sodass Bethlehem »Haus des Brotes« oder »Haus des Kampfes« heißen würde. Um die Verwirrung komplett zu machen, geben einige Quellen auch noch das arabische *bayt lahm* mit an. Das wiederum bedeutet »Haus des Fleisches«.

Hier im Ostallgäu finde ich kurz vor dem Ortsausgang

von Bethlehem lediglich ein Haus des Holzes, das *Holz-Lädle* von Schreiner Martin Adomat – und das ist schon ein bisschen erstaunlich. Bekanntermaßen waren sowohl Jesus als auch sein Vater Josef Zimmermann. Dass der einzige Handwerker im deutschen Bethlehem ausgerechnet den Beruf von Jesus ausübt, finde ich schon ein starkes Stück.

Im Schaufenster des Ladens sehe ich kleine Holzfiguren. Die Tür geht auf, man hat mich offenbar schon über den Hof schleichen sehen.

»Hallo, haben Sie geöffnet?«, frage ich.

»Nein, eigentlich gar nicht mehr so richtig«, sagt Martin Adomat. »Wir planen, den Laden aufzugeben. Aber kommen Sie gerne rein.«

Durch die Küchentür schaut seine Frau und grüßt kurz.

»Der Aufwand ist zu groß, die Figuren zu drechseln«, erzählt Herr Adomat. Deshalb würde er schon seit einiger Zeit in seiner Werkstatt nebenan Drechselkurse anbieten und Drechselwerkzeug verkaufen. »Das lohnt sich mehr.«

Das Telefon klingelt, Frau Adomat geht ran und ruft kurz darauf ihren Mann: »Martin, es geht um das Online-Banking.«

»Moment, ich bin gleich wieder da.« Herr Adomat verschwindet im Wohnbereich des Hauses.

Ich stehe allein in dem Laden und schaue mich um. In den Regalen stehen kleine Elche und Enten, musizierende Bären, Halbmonde als Kerzenständer und Holzbirnen. Hier muss es doch irgendwo auch eine Krippe geben, denke ich. Einen Jesus oder Ochs und Esel. Da kommt Frau Adomat ins Lädle.

»Es tut mir leid, es wird wohl noch eine Weile dauern«, sagt sie entschuldigend.

»Kein Problem.« Ich merke, dass ich ungelegen komme. »So ist das mit Spontanbesuchen. Haben Sie zufällig eine Jesusfigur, die ich als Souvenir kaufen kann?«

»Nicht zum Verkauf, nein. Mein Mann hat vor Jahren mal eine Krippe mit lebensgroßen Holzfiguren gebaut. Die stellen wir in der Weihnachtszeit vor dem Laden auf. Immer dann, wenn unten im Dorf der Bethlehemer Weihnachtsmarkt stattfindet.«

Frau Adomat greift nach einer Postkarte im Regal und gibt sie mir: »Die dürfen Sie gern behalten.« Die Postkarte zeigt ein Foto vom *Holz-Lädle*, vor dem ein etwa zwei Meter hoher Stall mit einer filigran gedrechselten Maria, einem Josef und einem Christuskind in der Krippe steht. Darüber leuchtet der Stern über Bethlehem.

Ich bedanke mich und lasse die beiden wieder in Frieden. Auf dem Hof gegenüber sehe ich einen alten, verlebten Stall und stelle mir kurz vor, es wäre *der* Stall. Davor stehen drei Haflinger Pferde. Immer noch kein Esel, aber immerhin. Kurz vor dem Ortsausgang laufe ich schließlich an dem Haus vorbei, in dem Maria wohnen müsste. Ich entscheide mich aber gegen einen weiteren Spontanbesuch. In Zeiten von Corona unangemeldet bei einer fast Hundertjährigen an der Haustür zu klingeln wäre eine wirklich unchristliche Idee.

Zwei Probleme bleiben: die Suche nach einer Unterkunft und die Frage, ob ich zum Ende der Reise noch mal etwas Internationales auf den Teller bekomme. Beides gestaltet sich schwierig. Die Bayern können halt einfach besser Haxe als Hummus, weshalb ich mir einen Besuch im *Goldenen Adler* genehmige. Auf der Karte stehen urbayerische Spezialitäten wie Krautkrapfen, Schweinerückensteak vom Grill und Allgäuer Kässpätzle. Für meine norddeutsche Zunge ist das heute eindeutig exotisch genug.

Zurück am Bahnhof, habe ich endlich genügend Empfang, um die Umgebung nach Hotels abzusuchen. In Lengenwang wird's nichts, so viel steht fest – aber im Nachbarort Marktoberdorf finde ich ein Hotel. Als der Zug dort seine Türen öffnet, kommt mir kurz der Gedanke, wie es wohl gewesen wäre, hätten auch Maria und Josef damals keine Bleibe in Bethlehem gefunden und ins Nachbardorf weiterziehen müssen. Vielleicht würden wir uns dann heute die Weihnachtsgeschichte von Jesus aus Marktoberdorf erzählen.

Schloss Neuschwanstein

Ludwig allein zu Haus

»Allzu früh muss er sich trennen,
fort von seinem Lieblingsplatz.
Ja, Neuschwanstein, stolze Feste,
warst des Königs liebster Schatz.«

»König-Ludwig-Lied«

Mein Wecker geht um 5:45 Uhr. Finde ich nicht gut, geht aber nicht anders. Heute wartet als großes Finale nämlich noch mal die echte weite Welt auf mich. Ich hatte vor meiner Heimreise eigentlich noch einen zweiten Tag für Bethlehem eingeplant, habe aber das Gefühl, die Möglichkeiten des kleinen Ortes ausgeschöpft zu haben. Außerdem geht mir seit gestern ein Gedanke nicht mehr aus dem Kopf: Keine 20 Kilometer von mir entfernt liegt dieses komplett größenwahnsinnige Märchenschloss, das sich der verrückte bayerische König Ludwig II. in der zweiten Hälfte des 19. Jahrhunderts bauen ließ. So nah komme ich Schloss Neuschwanstein per Zufall nie wieder, ich muss da heute einfach hin. Und genau genommen passt das sogar perfekt zum Ende dieses Trips. Was könnte als Abschluss einer Weltreise durch Deutschland passender sein als eine der berühmtesten deutschen Sehenswürdigkeiten der Welt?

Das Schloss ist normalerweise völlig überlaufen. Zu Nicht-Corona-Zeiten kommen im Sommer täglich 6000 Besucher dorthin, insgesamt 1,4 Millionen Menschen pro Jahr.

Durch das reduzierte Ticketangebot im Corona-Sommer dürfte es nicht leichter geworden sein, an Eintrittskarten heranzukommen. Aber ich habe Glück: Für heute gab es noch genau eine Tour am frühen Morgen, die ich online buchen konnte. Deshalb stehe ich nun am stockfinsteren Bahnhof von Marktoberdorf und warte in der kalten Morgenluft auf den Zug nach Füssen.

Fürs Protokoll: Heute hat er die Liniennummer BRB62735. An Bord sind nicht nur keine Asiaten, sondern gar keine Touristen. Der Zug ist fast leer, was vermutlich der Uhrzeit geschuldet ist. Am Bahnhof in Seeg ändert sich das schlagartig. Horden von Schulkindern stürmen die Bahn. Es ist sieben Uhr – auf geht's zur ersten Stunde, denn in Bayern sind noch keine Herbstferien. Da fällt mir wieder auf: Für die meisten ist heute ein ganz normaler Tag. Was für ein Privileg, gerade auf Weltreise sein zu dürfen.

In Füssen steige ich in den Bus nach Schwangau, diesen kleinen Ort mit gerade mal 3000 Einwohnern, den die Schlösser Hohenschwangau und Neuschwanstein berühmt gemacht haben. Ich erschrecke ein bisschen, als mich der Bus im Ortskern rauslässt. Das Zentrum besteht ausschließlich aus riesigen Parkplatzflächen, Snackbuden und einem großen Verkehrsknotenpunkt, der locker mit dem dreispurigen Kreisverkehr einer Großstadt mithalten könnte. Ich stelle mir vor, wie sich hier normalerweise unzählige Reisebusse durchquetschen und die Besuchermassen über dem kleinen Ort auskippen.

Heute Morgen ist alles leer, nur vereinzelt stehen ein paar Autos auf den Parkplätzen, Reisebusse sehe ich keine.

Vielleicht liegt's an der Uhrzeit, vielleicht an Corona. Am Ticketschalter für die Schlösser ist trotzdem schon eine Schlange. Eine Angestellte erklärt einem älteren Ehepaar gerade, dass Neuschwanstein für heute leider wirklich ausgebucht sei und sie sich online hätten registrieren müssen. Keine leichte Zeit für Senioren.

Es gibt Busse, die Besucher den steilen Weg nach Neuschwanstein hochfahren, auch Kutscher warten mit ihren Pferden auf Kundschaft. Ich entscheide mich aber für den Fußmarsch, der etwa 40 Minuten dauern soll.

»Guten Morgen, ist das der richtige Weg zum Schloss?«, frage ich, als mir an einer Abzweigung eine Frau mit Rucksack und Wanderstöcken entgegenkommt.

»Zur Marienbrücke ja«, antwortet sie. »Zum Schloss weiß ich nicht.«

»Warum bist du schon so früh unterwegs?«, hake ich neugierig nach.

»Geh rauf, dann weißt du es«, sagt sie. »Es ist wunderschön, weil niemand da ist.«

Und tatsächlich: Für den weiteren Aufstieg bleibt die Frau der einzige Mensch, dem ich begegne. Was für ein besonderer Moment, ganz alleine über diese ausgetretenen Pfade zu gehen – auch wenn ich ordentlich aus der Puste bin, als ich durch die Bäume endlich die obere Bushaltestelle sehen kann. Mehr Sport, denke ich. Ein bisschen mehr Sport wäre gut.

Ein Bus kommt gerade an, zwei Frauen in Funktionskleidung steigen aus, an ihrer Seite ein kleiner Hund.

»Guck mal«, sagt die eine leise zur anderen. »Die Fitten

gehen zu Fuß hier hoch.« Ich höre es und rufe den beiden schnappatmend zu: »Ihr meint aber nicht mich, oder?« Sie sehen erleichtert aus.

Ab der Bushaltestelle ist alles ausgeschildert, links geht's zum Schloss und geradeaus zur Marienbrücke, von der aus man den besten Blick auf Neuschwanstein haben soll. Die Vorrichtungen auf dem Weg zur Brücke lassen mich erahnen, wie sich die Massen hier normalerweise durchschieben. Pfeiler und Ketten sorgen dafür, dass die Menschen in geordneten Bahnen laufen. Ein Monitor zeigt die momentane Auslastung der Marienbrücke an. Dreißig Personen dürfen sich maximal darauf befinden – jetzt gerade sind es drei. Also gehe ich einfach weiter und stehe kurze Zeit später einem atemberaubenden Panorama gegenüber.

In schwindelerregenden 90 Metern Höhe führt die Marienbrücke über die Pöllatschlucht. Auf der rechten Seite plätschert tief unten der Pöllatwasserfall zu Boden, links steht plötzlich und ohne Ankündigung das riesige und unglaublich beeindruckende Neuschwanstein vor mir.

Wow!

Man könnte meinen, dass die Brücke hier nur für diesen Blick auf das Schloss gebaut wurde. Aber es gibt sie schon viel länger als Neuschwanstein. Ludwigs Vater, König Maximilian II., ließ sie 1845 – damals noch als Holzbrücke – über die Schlucht bauen und benannte sie nach seiner Frau, Königin Marie.

Der Bau von Neuschwanstein begann erst über zwanzig Jahre später, und das kam so:

1864 wurde Ludwig nach dem plötzlichen Tod seines Vaters im Alter von nur achtzehn Jahren bayerischer König – ohne jegliche politische Erfahrung. Viel zu früh, wie er selbst einst sagte: »Ich habe nicht genug gelernt. Ich hatte so schön angefangen, (...) Staatsrecht zu lernen. Plötzlich ward ich herausgerissen und auf den Thron gesetzt.«

Vielleicht hat ihm das einen Knacks verpasst, so wie einst auch Macaulay Culkin an seinem Dasein als Kinderstar zerbrach. (Ja, ich vergleiche hier gerade einen bayerischen König aus dem 19. Jahrhundert mit *Kevin allein zu Haus*, sorry.) Jedenfalls war er zunehmend menschenscheu, kein bürgernaher König. Er tagträumte sich zurück ins Mittelalter, eine Zeit, die er sehr liebte. So entstand 1869 der Auftrag, ihm fernab vom Tagesgeschehen hoch über Schwangau ein Schloss zu bauen, das eine mittelalterliche Anmutung haben und sein Refugium sein sollte, sein Rückzugsort aus der Öffentlichkeit. Niemals sollte dieses Schloss jemand von außerhalb betreten, alle Räume wurden nur für Ludwig II. allein entworfen.

Wenn er wüsste, dass Neuschwanstein schon bald nach seinem Tod zum absoluten Publikumsmagneten wurde ...

Auf der Strecke von der Marienbrücke zum Schloss macht der Weg eine 180-Grad-Kurve, in der ich den nächsten grandiosen Ausblick erlebe, dieses Mal hinunter ins Tal nach Schwangau. Rechts liegt das gelbe Schloss Hohenschwangau, in dem Ludwig als Kind viel Zeit verbracht hatte. Es war die Sommerresidenz seiner Familie. Daneben liegt der Alpsee, in dem sich die Spitzen der Alpengipfel spiegeln, die direkt dahinter in den Himmel ragen.

Insgesamt bin ich eine gute Stunde unterwegs, bis ich

am Schloss ankomme – mit nur sehr wenigen anderen Menschen. Auch hier erkenne ich an den fest installierten Vorrichtungen, wie die Massen normalerweise in die richtigen Bahnen gelenkt werden müssen. Heute zähle ich auf dem Vorplatz lediglich sieben Grüppchen mit zwei bis vier Personen, das war's. Eine Viertelstunde vor der gebuchten Tour beginnt der Einlass in den Schlosshof. Immer wenn die Glocke laut bimmelt, darf der nächste Trupp rein. Ein Sicherheitsmitarbeiter kontrolliert die Tickets.

»Ist das hier gerade das maximale Besucheraufkommen oder liegt es einfach an der frühen Uhrzeit, dass es mir so leer vorkommt?«, frage ich den Mann.

»Nein, voller wird's nicht«, antwortet er trocken. »Alle fünf Minuten startet eine neue Führung, normalerweise mit 65 Personen pro Tour. Seit Corona sind höchstens zehn Leute erlaubt.«

»Und wie ist das Arbeiten für Sie?«, will ich wissen.

»Ganz ehrlich, sehr angenehm. Du kannst dir den Stress nicht vorstellen, den wir hier früher jeden Tag hatten. Das ist eine der meistbesuchten Sehenswürdigkeiten der Welt.«

Dafür seien aber neue Probleme dazugekommen. »Jetzt muss ich den ganzen Tag lang immer wieder ein paar Deppen daran erinnern, ihre Masken zu tragen. Und dann fangen die an zu diskutieren, dass das unten am Ticketschalter nicht dranstand und solche Scherze.« Der Mann beginnt, sich in Rage zu reden. »Da frag ich mich: Seit wann haben wir denn Corona? Es gibt gerade keinen Ort auf der Welt, den man ohne Maske betreten darf. Als wären die Leute bescheuert.« Offenbar ein wunder Punkt, ich gebe ihm recht und schleiche weiter.

In der folgenden halben Stunde lerne ich eine Menge über Ludwig II. und sein Schloss, das übrigens nie wirklich fertiggestellt wurde. Meine freie Interpretation lautet: Ludwig wollte sich ein Unterhaltungsschloss bauen, eine Wohlfühloase und Bildungsstätte für sich selbst. Überall finden sich Elemente aus dem Mittelalter und aus fernen Ländern: an die Wand gemalte Palmen im Thronsaal, Gotik in seinem Schlafzimmer – und dass er sich als Durchgangszimmer eine täuschend echt aussehende Tropfsteinhöhle bauen ließ, lässt vermuten, dass er zumindest größenwahnsinnig war, wenn nicht sogar wahnsinnig.

Letzteres fand dann wohl auch die bayerische Polizei, als sie ihn am 12. Juni 1886 auf Schloss Neuschwanstein festnahm, nachdem ihn ein ärztliches Gutachten für geisteskrank und regierungsunfähig erklärt hatte. Einen Tag später fand Ludwig im Alter von vierzig Jahren einen rätselhaften Tod im Starnberger See. Wie genau es dazu kam, darum ranken sich bis heute viele Legenden. Eine logische Erklärung aber könnte sein, dass Ludwig lieber den Freitod wählte, als durch seine Entthronung mit der Wirklichkeit konfrontiert zu werden, der er sich auf Neuschwanstein so gerne entzog.

Nach der Tour mache ich mich an den Abstieg zurück ins Dorf, laufe unten wieder an den wartenden Pferdekutschen und schließlich am Ticketshop vorbei. Mit diesen letzten Metern Fußweg bin ich nun auch auf der Zielgeraden meiner Weltreise angekommen. Viel mehr wird nicht passieren.

Sowieso ist viel mehr passiert, als ich mir vorher vorstellen konnte. Dass ich mal in einem Düsseldorfer Keller sitzen und japanische Schnulzen singen würde, hätte ich zum Beispiel nicht gedacht. Oder ohne Plan in Alpen zu landen und unverhofft fliegen zu lernen. Und auf der Suche nach einem Stall in Bethlehem schließlich ein weltberühmtes Schloss zu finden.

Pläne sind dafür da, umgeschmissen zu werden. Das ist das Schöne am Reisen. Vorher nicht zu wissen, was du nachher erlebt haben wirst. In einer Zeit, in der eh nicht viel planbar ist, gilt das umso mehr. Ich überlege einen Moment lang, wie es nun für mich weitergehen könnte, ob ich mir in der Umgebung noch eine Unterkunft suchen soll. Dann schaue ich auf die Uhr und fasse einen letzten spontanen Entschluss: Es ist gerade erst halb elf, ich kann es heute noch locker nach Hause schaffen.

Die Flügel des frühen Vogels haben noch Kraft.

Ich finde eine Verbindung ab Füssen, mit der ich spätabends wieder in Kiel ankommen werde. Die beiden Städte liegen 900 Kilometer voneinander entfernt, das ist so ziemlich die größtmögliche Distanz, die man in unserem Land zurücklegen kann.

Während ich mit ICE-Geschwindigkeit aus dem tiefsten Süden zurück in den Norden sause, schaue ich aus dem Fenster und denke daran, was ich links und rechts der Strecke in den letzten Wochen alles erlebt habe: Ich war SUPen in Brasilien und Sushi essen in Dubai, habe in der Antarktis gefroren, auf Samoa geschwitzt und mich mit dem Wetter auf Island versöhnt. In der Südsee durfte ich Wasserski fahren und innerhalb weniger Tage im Römischen Reich und in Rom sein. Ich bin über die Golden Gate Bridge spaziert und zu Fuß von Rußland nach Amerika gelaufen.

Wenn ich an die Fragezeichen denke, die ich vorher hatte, was man auf so einem Trip durch die deutsche Provinz wohl erleben kann, muss ich fast lachen. Viel mehr hätte in eine echte Weltreise auch nicht gepasst. Nur der Jetlag wäre noch kostenlos obendrauf gekommen – und auf den habe ich sehr gerne verzichtet.

Das Ende

Als deutscher Bahnhofskioskbetreiber hat man es wirklich nicht leicht. Noch vor dreißig Jahren konnte man einfach Bockwurst, Zeitschriften, Zigaretten, Schokoriegel und Kaffee verkaufen, und die Kunden waren zufrieden. Mehr will man doch gar nicht, wenn man so eine Bude betreibt. Dann aber kamen irgendwann die Kaffeespezialitäten aus aller Herren Länder nach Deutschland geschwappt, und die Kunden verlangten plötzlich nach Cappuccino und Café au lait, Americano, Espresso und Café Crème, Caffè Latte und Latte macchiato. Die sorglose Zeit der einfachen Nachfrage »Milch und Zucker dazu?« war vorbei. Nun brauchte man als Bahnhofskioskbetreiber plötzlich eine Ausbildung zum Barista, weil man *fleckige Milch* und solche Scherze zubereiten sollte, am besten noch mit Schaumherz obendrauf. Und überhaupt: Caffè Latte, Latte macchiato – ist das am Ende nicht alles das Gleiche?

Zu diesem Schluss ist offenbar der ältere Mann gekommen, dessen urigen Bahnhofskiosk ich an einem Tag der Reise irgendwo in Ostfriesland betrat. Auch auf seiner Angebotstafel fanden sich alle gängigen Kaffeespezialitäten, alles für zwei Euro. Hinter der Theke gab es allerdings weder eine professionelle Espressomaschine noch einen Vollautomaten zur fachgerechten Zubereitung. Der junge Mann vor mir bestellte einen Kaffee mit Milch, ich nahm einen Cappuccino, und hinter mir fragte eine Frau nach einem Latte macchiato. Der Clou: Bei jedem von uns drückte der Kioskbetreiber einfach den Knopf seiner Pumpkanne, aus der stinknormaler Filterkaffee in den Becher pladderte, gab anschließend einen Schuss Milch drauf und wünschte uns noch einen schönen Tag.

Es ist eben alles eine Frage der Einstellung. Beschwert hat sich jedenfalls keiner.

Man kann sich nicht gegen jeden Trend wehren, aber man kann seine eigenen Spielregeln festlegen. Das habe ich in diesem Spätsommer auch getan und dabei festgestellt: Eine Weltreise durch Deutschland funktioniert wirklich – auch wenn sie am Ende natürlich viel mehr eine Deutschlandreise war. Ich vermisse die Welt noch immer, und das wird sich auch erst ändern, wenn sie wieder da ist. Meine schönste Erkenntnis aber ist, dass sich das große Fernweh auch hier stillen lässt. Auf der Suche nach der Welt habe ich vor allem eins gefunden: Deutschland. Ich habe unser Land, dieses absolut fertig entdeckte Land, noch mal von einer ganz neuen Seite kennenlernen können, war auf Pfaden unterwegs, die viel mehr Geheimtipp als Mainstream sind. Wer hätte gedacht, dass das überhaupt möglich ist?

Jetzt, wo ich die letzten Sätze dieses Buches schreibe, kann ich es ja verraten: Eigentlich wäre ich gerne noch weitergereist. Es gibt noch so viele weitere Weltorte – vor allem auch in Ostdeutschland, das viel zu kurz gekommen ist: Philadelphia und Neu-Seeland in Brandenburg, Kanada in Thüringen, Amerika in Sachsen. Es gibt Mailand im Allgäu, Korsika in Hessen und allein bei mir in Schleswig-Holstein Norwegen und Schweden, Kongo und Bali, Grönland und Lappland – und sogar eine Gemeinde namens Welt. Ein Rundgang durch den Ort dauert gerade mal eine halbe Stunde. In 30 Minuten um (die) Welt, das ist genau mein Humor!

Leider aber stiegen Mitte Oktober die Coronazahlen wieder so rasant an, dass man auf touristische Reisen verzichten sollte. Also fuhr ich zurück nach Hause und fing an, die großen und kleinen Geschichten aufzuschreiben, die ich bis dahin erlebt hatte. Herzerwärmende Momente und witzige Anekdoten, manchmal liebevoll, manchmal zum Schmunzeln und manchmal zum Kopfschütteln.

Die Welt ist ein Dorf, sagt man. Bei uns stimmt das. Deutschland ist genauso international wie provinziell – vielleicht ist es sogar ganz gut, dass ich nicht alle Weltorte besucht habe. So bleiben noch ein paar unentdeckte Orte übrig, sollte sich durch dieses Buch jemand inspiriert fühlen, auch mal auf Weltreise durch Deutschland zu gehen. Ich kann es uneingeschränkt empfehlen!

Unser Land ist voll mit guten Geschichten – und voll mit guten Menschen. Vor allem Letzteres finde ich sehr beruhigend, weil man manchmal den Eindruck bekommen könnte, dass die Populisten und Querdenker immer mehr werden. Doch nach meiner zufälligen Stichprobe der letzten

Wochen kann ich aus vollem Herzen sagen: Die Guten sind immer noch da.

Es sind die mit den Surfschulen und Caipirinhas. Die mit einem Regenschirm an einem nassen Tag und einem sicheren Ort für dein Gepäck. Es sind die, die freiwillig mit dir barfuß über Kieselsteine laufen und mit denen du beim Essen laut schlürfen darfst. Das Beste an ihnen ist: Man muss sie nicht mal suchen. Sie sind überall, in der Großstadt und im kleinsten Nest – in unserer kleinen weiten Welt in Deutschland.

Dank

Dicke Grüße gehen raus an all die wunderbaren Menschen, die ich auf dieser Reise treffen durfte. Die besten Momente entstehen immer spontan – danke, dass ich mit euch in diesem seltsamen Sommer spontan sein konnte.

Dank an Mandy und Matthias für eure zusätzliche Inspiration und die Reisetipps, und Dank an Gesa für deine Hilfe auf meinem Weg nach Japan. Dank an das *Atlantic Hotel Sail City* und das *Klimahaus Bremerhaven 8° Ost* für die Unterstützung bei der Recherche.

Liebe Grüße an Timm und Caro, ihr seid mit mir auf diesem Trip buchstäblich die ersten Schritte gegangen.

Marieke, du bist mit mir alle weiteren Schritte gegangen. Danke, dass ich endlich wieder mit dir zusammenarbeiten durfte. Dank an Johannes für Rat und Tat in Grafikfragen und an Torsten für all die guten Gespräche beim Schreiben und all den guten Quatsch zwischendurch. Danke, Melle, für die letzten anderthalb Jahre, du Fledermaus!

Dank an meine Familie für eure Geduld – und dafür, dass ihr zu fast allem, was ich mir in den Kopf setze, Ja sagt. Ihr seid das allergrößte Geschenk!

Quellen

Kalifornien. *Cable Cars und Rockstars*
Touristische Übernachtungen in Schönberg:
http://www.schoenberg.de/ihr-schoenberg.html, letzter
Zugriff 28.03.2021.
Wassertemperaturen in Los Angeles und San Francisco:
http://www.wassertemperatur.org/los-angeles, letzter
Zugriff 28.03.2021.
http://www.wassertemperatur.org/san-francisco, letzter
Zugriff 28.03.2021.
Drehort von *Baywatch*:
http://www.atlasofwonders.com/2017/06/baywatch-
beach-filming-locations.html, letzter Zugriff 28.03.2021.
Zur Bedeutung des Songs »Hotel California«:
http://abcnews.go.com/Entertainment/things-eagles-
hotel-california/story?id=36375155#, letzter Zugriff
28.03.2021.

Brasilien. *Caipirinha für Norddeutsche*
Zur Geschichte des Stand-up-Paddelns:
http://www.faz.net/aktuell/reise/stand-up-paddling-die-

stehen-da-drauf-11126900-p2.html, letzter Zugriff 28.03.2021.

http://www.sup-trip.de/stand-up-paddling/, letzter Zugriff 28.03.2021.

http://www.brettsport.de/sup/frag-den-sup-spezi/wer-hat-das-stand-up-paddling-erfunden, letzter Zugriff 28.03.2021.

Dubai *liegt an der Nordsee*

Hotelpreise fürs *Burj al Arab* in Dubai:
http://www.jumeirah.com/de/stay/dubai/burj-al-arab-jumeirah, letzter Zugriff 28.03.2021.

Daten und Fakten zu Fischstäbchen:
http://www.bis-bremerhaven.de/hauptstadt-der-fisch-staebchen.98070.html, letzter Zugriff 28.03.2021.

Zur Geschichte und Krise Bremerhavens:
http://www.wissenschaft.de/allgemein/auswanderer-werftenkrise-und-offshore-windraeder/, letzter Zugriff 28.03.2021.

http://www.faz.net/aktuell/politik/inland/bremerhaven-das-meer-ist-ihr-schicksal-1437350.html, letzter Zugriff 28.03.2021.

http://www.nzz.ch/international/deutschland-im-wahl-jahr/arm-aermer-bremerhaven-ld.1318951, letzter Zugriff 28.03.2021.

http://www.bremerhaven.de/de/tourismus/architektur-denkmaeler/stadtgeschichte/alter-hafen-neuer-hafen-in-nenstadt/gruendung-bremerhavens-1827.44242.html, letzter Zugriff 28.03.2021.

Schwule Pinguine im *Zoo am Meer*:
http://www.stern.de/panorama/wissen/natur/schwule-pinguine-wahre-liebe-nur-unter-maen-nern-3497622.html, letzter Zugriff 28.03.2021.
http://www.deutschlandfunkkultur.de/schwule-pin-guine-ziehen-kueken-gross.954.de.html?dram:arti-cle_id=147231, letzter Zugriff 28.03.2021.
Wilhelmshaven, Cuxhaven, Bremerhaven – warum mit »v«?
http://www.wilhelmshaven.de/Tourismus/Stadtportrait/Warum_mit_V.php, letzter Zugriff 28.03.2021.

Rußland & Amerika. *Johnny aus der Pufferzone*
Entfernung Russland–USA, Diomedes-Inseln:
http://www.faz.net/aktuell/reise/zwischen-alaska-und-russland-die-insel-diomede-13664541.html, letzter Zu-griff 28.03.2021.
Zur Namensentstehung Rußlands:
http://www.ostfriesland.travel/sehenswuerdigkeiten/se-henswuerdigkeit/russland-friedeburg-friedeburg, letzter Zugriff 28.03.2021.

Kalimandscharo. *Das Regenschirm-Massaker*
K+S, der größte Salzproduzent der Welt:
http://www.faz.net/aktuell/wirtschaft/unternehmen/groesster-salzproduzent-der-welt-k-s-darf-weiter-salzab-wasser-in-den-boden-pressen-14589112.html, letzter Zu-griff 28.03.2021.

Mittelerde *liegt im Harz*
Zum Dom und Domschatz von Halberstadt:
http://www.halberstadt.de/de/dom-domschatz/dom-
und-domschatz-zu-halberstadt.html, letzter Zugriff
28.03.2021.

San Francisco *liegt am Rhein*
Hinduistischer Tempel in Hamm:
http://www.hamm.de/sehenswuerdigkeiten/hindu-tem-
pel, letzter Zugriff 28.03.2021.
http://www.hinduistische-gemeinde-deutschland.de/,
letzter Zugriff 28.03.2021.
Fakten zur Rheinbrücke Emmerich:
http://www.emmerich.de/de/inhalt/rheinbruecke/, letzter Zugriff 28.03.2021.

Südsee. *Wandertag mit Wasserski*
Daten und Fakten zur Nord- und Südsee:
http://f-z-x.de/ueber-uns/historie/, letzter Zugriff
28.03.2021.
Zum Archäologischen Park Xanten:
http://apx.lvr.de/de/roemische_stadt/roemi-
sche_stadt.html, letzter Zugriff 28.03.2021.

Alpen. *Ohne Berge hoch hinaus*
Alpens Geschichte:
http://www.alpen.de/de/inhalt/geschichte/, letzter Zugriff 28.03.2021.

Zur Halde Prosperstraße:
http://www.halden.ruhr/tetraeder.html, letzter Zugriff
28.03.2021.

Afrika liegt im Ruhrgebiet
Zur Geschichte der Straßennamen in der Duisburger
Afrikasiedlung:
http://www.buchholzer-buergerverein.de/chronik.html,
letzter Zugriff 28.03.2021.
Lüderitz' »Meilenschwindel«:
http://www.info-namibia.com/de/aktivitaeten-und-se-
henswuerdigkeiten/luederitz/luederitz, letzter Zugriff
28.03.2021.
Zur Schlacht am Waterberg:
http://www.spiegel.de/geschichte/herero-auf-
stand-1904-schlacht-am-waterberg-in-deutsch-sued-
westafrika-a-984565.html, letzter Zugriff 28.03.2021.

Little Tokyo. *Alles im Ramen*
Zur Geschichte des japanischen Viertels:
http://www.degruyter.com/document/doi/10.1515/
zug-1980-0101/html, letzter Zugriff 28.03.2021.
http://www.kulturkluengel.de/kulturen-duesseldorf/ja-
pantown/, letzter Zugriff 28.03.2021.
Die Geschmacksrichtung *umami*:
http://www.ugb.de/exklusiv/fragen-service/was-versteht-
man-unter-geschmacksrichtung-umami/?geschmack-
umami, letzter Zugriff 28.03.2021.

Rom. *Die Unewige Stadt*
81-jähriger Italiener fährt nach Rom im Bergischen Land:
http://www.oberberg-aktuell.de/news/italiener-will-nach-rom-und-landet-in-morsbach-a-2095, letzter Zugriff 28.03.2021.

Island *liegt in der Eifel*
Zur Geschichte des Geysirs von Andernach:
http://www.geysir-andernach.de/fachwissen/historie-geysir/, letzter Zugriff 28.03.2021.

Bethlehem. *Maria wird bald 100*
Zur Bedeutung des Namens Bethlehem im Westjordanland:
http://www.bibelwissenschaft.de/wibilex/das-bibellexikon/lexikon/sachwort/anzeigen/details/bethlehem/ch/a62c621ad31c579f96d6ceb93594a618/, letzter Zugriff 28.03.2021.

Schloss Neuschwanstein. *Ludwig allein zu Haus*
Hintergründe zur Marienbrücke:
http://www.hohenschwangau.de/natur-umgebung/marienbruecke, letzter Zugriff 28.03.2021.
Zur Geschichte Ludwigs II.:
http://www.neuschwanstein.de/deutsch/ludwig/biograph.htm, letzter Zugriff 28.03.2021.
http://www.schwangau.de/koeniglich/schloss-hohenschwangau/, letzter Zugriff 28.03.2021.